柳田国男文集

王 京 主编

关于先祖

［日］柳田国男 著

王晓葵 译

せんぞうのはなし

北京师范大学出版集团
BEIJING NORMAL UNIVERSITY PUBLISHING GROUP
北京师范大学出版社

体例

1. 本丛书中，原文民俗词汇以日文假名书写时全部以日语罗马字表示。

2. 为尽量接近日语原来的发音，用日语罗马字表示时采用"黑本式"注音方式，与键盘输入时使用的"训令式"相比，以下假名较为特殊：し shi、ち chi、つ tsu、ふ fu、じ ji、しゃ sha、しゅ shu、しょ sho、ちゃ cha、ちゅ chu、ちょ cho、じゃ ja、じゅ ju、じょ jo。

3. 拨音ん n、促音为子音双写（如にっき nikki），长音不加 u（如とうきょう tokyo）。

4. 作助词时は wa、へ e、を wo。

5. 原文中的旧假名写法，改为新假名写法后注音，如なほらひ naorai。

6. 单词中分节较为明确时，适当采取空格的形式分段，避免日语罗马字表音过长，如"yaki meshi（烧饭）"。

7. 本丛书中，原文民俗词汇使用汉字时全部以简体字表示。

8. 本丛书中，原文中有特殊意义的词语、民俗词汇、引用内容，均以引号标注。

9. 本丛书中，所有的脚注均为译者注，不再另外标明。另为柳田国男原注的，在正文中用"1""2""3"等标明。

10. 本丛书中出现的日本历史时代及分期（如江户、中世等）与公历纪年的对应关系，请参照书后的附录一。

11. 本丛书中出现的日本古国名及其略称（如萨摩、信州等）与现代都道府县的对应关系，请参照书后的附录二。

王　京

中
文
版
序

　　柳田国男在日本可谓家喻户晓，不仅作为历史人物被记录，出现在历史书上，而且也是鲜活的存在，向我们提示着思考现代社会的视点、框架与方法。他关注日本社会与文化的历史，开拓了民俗学这门崭新的学问，在长达半个世纪的学术活动中，留下了数目浩繁的论著。这些研究将从未被思考、也从未被知晓的普通人生活文化的历史呈现在我们眼前，人们对日本社会及文化的认识也为之一新。如今，在思考日本的社会与文化时，从柳田的著作中学习已是必不可少的一个步骤。不仅在日本国内如此，对于世界各地的日本研究者而言，这也已成为基本的方法。

　　世界各地凡是懂得日语、可以阅读日语书籍的日本研究者，毫无疑问，都是柳田国男著作的读者。而无法阅读日语的人们，则缺少接触和了解柳田国男的机会。柳田的文章文体甚为独特，被翻译成他国语言的难度很大，所以，尝试翻译者众多，但实际出版者寥寥。包括英语在内，译为各国语言公开发行的柳田著作，数量并不多，且翻译对象又往往限定于极少的几本著作；中文世界的情况也同样如此。至今，除了日语以外，尚没有以其他语言刊行，并能够帮助理解柳田学问整体面貌的著作集问世。本次出版的"柳田国男文集"（以下简称"文集"）在此方面是一次有益的尝试，可谓意义深远。

1875 年，柳田国男出生于西日本中心城市大坂（今大阪）以西约 70 千米的农村地区。旧时的交通要道由此通过，略有一些"町场"（城镇）的气氛。柳田的父亲并非农民，而是居住于农村的知识分子，靠在私塾教授汉学为生。家中贫苦，生活也不稳定。柳田国男排行第六，有好几个哥哥，大都勤奋读书，之后赴东京继续求学。大哥成为医生后没有回乡，而是在东京东北 40 多千米的农村地区开业行医。柳田小学毕业之后就来到大哥身边，受其照顾。柳田从小生长的故乡与后来移居的地方虽然都是农村，但无论景观还是人们的生活，都迥然不同。这一体验，对他日后的学问形成产生了巨大的影响。

随后柳田来到东京，进入社会精英的摇篮——东京帝国大学，在相当于今天法学部的地方学习，专业是农政学。1900 年，柳田和当时东京帝国大学的大多数毕业生一样，成了明治政府的一名官员，最初供职于农商务省农务局。1908 年，柳田因公前往九州地区，进行了为期 2 个月的巡视。在此期间，他探访了深山之中的地区，接触到还在进行刀耕火种和狩猎的村落，感到惊讶，也深为感动。当时日本农业政策的主要对象是在平原地区种植稻米的农民，柳田得知在此之外，还有立足不同的生产劳动，有着不同文化背景的人们时，产生了浓厚的兴趣。这是他迈向民俗学的第一步。之后，柳田白天作为官员任职于政府部门，晚上及休假时间则研究深山之中的"山人"的生活文化，发表了一系列文章。1919 年，柳田辞去了官职。

1929 年 10 月开始的世界经济危机首先在美国爆发，不久就挟着巨大的破坏力席卷了日本。城市中工厂的工人大量失业，纷纷回到家乡农村。而承受着沉重经济打击的农村，还要接收这些归乡者，状况更为悲惨。面对农村的惨状，柳田以回答"农民因何而贫"作为最重要的课题，开始了新的研究，确立了之后被称为"经世济民之学"的民俗学。其研究对象不再是居于深山的人们，而是生活在日本列岛的占人口大多数的农民。他将作为民俗承担者的、以稻米种植为生活基础的农民称为"常民"。为了调查常民的生活文化，弄清常民的历史，柳田对包括家庭与生产劳动、衣食住行、婚丧嫁娶、节日与信仰等在内的常民生活的各个方面展开了研究，并探索和树立了与之相应的研究方法。

1945 年，日本战败，开始建设新社会。柳田认识到第二次世界大战后日本人自我认识的重要性，大力推动这方面的研究。柳田提出了"海上之路"这一假说，主张日本人的祖先是从冲绳出发，乘着"黑潮"（日本暖流）沿岛北上，最后扩散到日本列岛各处的。柳田逝于 1962 年 8 月 8 日。在民俗学领域的长期开拓，以及从历史维度理解日本社会及文化的不懈努力，凝结成其身后庞大的著述。伴随着上述使命感的变化，其民俗学著作的涉及面也甚广。本"文集"是从柳田国男卷帙浩繁的著述中精选了有助理解日本社会及文化的不可或缺的篇目而成。相信读者若能将本"文集"置于左右，必要时阅读或参照，一定能对柳田有深入的理解。

在阅读柳田著作时需要注意以下几个问题。

柳田民俗学，是收集与比较日本各地现行或尚有传承的民俗现象，通过它们之间的差异来阐明历史变迁过程的比较研究。比较研究虽然是所有学问均会采用的方法，但柳田的比较研究在将变迁过程作为其结果这一点上较为特殊。柳田将这种具有限定性的比较研究法称为"重出立证法"。比较的标准是地区差异，其假说是离中央较近处的民俗较新，距离中央越远处的民俗越古老，即新文化产生于中央，并向四面八方扩散，因为到离中央较远处需要花费较长时间，抵达较迟，所以古老的状态被保留在了远方，这便是"周圈论"。在柳田的著作中，常常会列举大量日本列岛各地的类似事例，甚至令人颇感倦烦。但各地事例之间的相同及不同之处，正是他导出答案的线索，也是其研究不可或缺的步骤。

在提示各地的民俗之时，柳田十分重视指示这一现象或事物的词语。日语虽然是与中文完全不同的语言，但一直以来，有着使用学自中国的汉字来表记现象或事物的传统。一般而言，人们也习惯从汉字入手来理解词语的含义。但柳田重视的并非汉字。他认为，通过外来的汉字及其意思是无法理解日本普通民众生活背后的文化的，因此非常重视这些词语的日语发音。他将各地表现民俗现象及事物的日语称为"民俗词汇"，以记录和比较日本各地的民俗词汇为基本方法。以语言为切入点进行比较研究是柳田民俗学的一大特色。但正因为柳田运用了这种方法，从而使将他的著作介绍到世界的工作变得十分困难。本次中文版"文集"的出版，翻译工作中最大的难关正在于此。承担翻译任务的译者们想方设法地使日本的民俗词汇在中文语境中能够得以体现。读者阅读时或许觉得文章记述颇有烦冗之处，其原因也在于此。

中文版"文集"得以刊行的首要意义在于可以通过这些著作增进读者对日本社会及文化的理解；能够凭借遍布日本列岛的日常生活

文化的种种内容，帮助读者理解日本人的生活文化。作为知识分子的思想家或文学家笔下的日本，往往容易偏于表面，而柳田民俗学则试图从内部把握日本人的生活，是一种内在理解。这种理解并不停留于表面，而是潜入日本人的内心，关注他们的意识、观念，以及作为其外在表现的行为、态度，并将这些与作为其结果的秩序与制度综合起来，从而诠释日本社会、日本文化的内涵。读者通过阅读柳田的著作，一定能够了解日本社会及文化的特色，同时也注意到与中国社会、文化的不同。

第二个意义在于读者可以通过对柳田民俗学方法的理解和批判性讨论，获得重新思考中国同类学问的方法论的契机。民俗学形成于19世纪的欧洲，之后传播到世界各地，在各自国家和地区都经历了一条充满个性的发展道路。中国也形成了具有中国特色的民俗学，与同样受到欧洲影响的柳田民俗学可谓大相径庭。在加强各自特色、谋求学问的深化与发展之际，参照或批判性地思考其他国家和地区的民俗学，充分吸收其成果，借以充实自身的学问内容，是不可欠缺的工作。中文版"文集"的出版，为之奠定了基础。可以说，中文版"文集"的出版，使得对柳田民俗学乃至日本民俗学理论及方法论的批判性讨论成为可能。本"文集"必将对中国民俗学的进一步发展做出重要贡献。

最后，请允许我作为日本的一名民俗学者，衷心地感谢勇敢挑战这一困难重重的翻译工作并出色完成任务的译者们；同时，向积极策划、出版本"文集"的北京师范大学出版社致以崇高的敬意。真切希望本"文集"能够拥有广大受众，得到大家的喜爱！

福田亚细男

2018 年 2 月

目录

自　序

这本书我是从今年［昭和二十年（1945）］4 月上旬开始动笔的，到 5 月底才拿出现在这个样子的东西。但是印刷方面出了些问题，拖到现在总算得以示人。我写这本书是以战后的读者为目标群体的，初衷是希望对和平时代的日本有所助益。但是社会的变动如此之大，实在出乎意料。当我再一次重读本书时，能清晰感到本书虽然在词句上并无不妥，但是我的心境却明显不同。从以往的经验来看，我们对未来的预知能力还远远不够，希望学术研究能提高我们这方面的能力。

能够平静地思考问题，有时候是需要假以时日的。但是，越是到这个时候，就越会担心材料是否充分。对于家①的问题，我认为

---

① 柳田国男在本书中讨论的"家"，不是指一般意义上的"家庭"，而是一个复合的文化概念，包括日本社会的家族观念、祖先信仰、家业的继承方式等。

和人对自己死后的安排相关，也和灵魂的观念密不可分。各国都有各自的有关家的观念及其形态的历史，虽然相关的理论能否成立还是未知数，但是无视自己民族长久以来的生活习惯，还想让同胞们安心追随，无异于缘木求鱼。家往何处去，或者说家应该朝着怎样的方向发展。至少在现在看来，答案取决于各自的人心所向。但是为了得到结论，首先需对事实有所了解。明治以来的那些庙堂之人，对这些基础工作不屑一顾，在这个重大问题上思考严重"缺位"。我们且不说文化处于哪个阶段，单凭空疏漠然的独断来处理民族未来的大问题，这样的国家可谓少之又少。现在这种状态若持续下去的话，大规模的忘却就会开始肆虐，知晓往昔生活状态的路径随即断绝。本来过去就有无数的变化发生，人们的行为和信仰也因时而变。有人可能会抓住某个时代的特征，把它认为是过去的状态。但是不管怎样，揭示变化前的生活状态，现在还来得及。幸运的是，现在城乡生活文化有细微的差别，根据这个差别可以确定各地生活样态的新旧阶段。我们可以将众多的生活事实进行观察对比，从而通过传播途径推测其大概的变化过程。日本民俗学并不想提供什么结论，而是为了避免他人做出轻率的错误判断，尽可能将可以确定的资料搜集并保存下来。所谓历史经验，往往对于失败一方而言，令其印象特别深刻。因此，详细了解事情的始末，大概会得出反对恢复过去体制的结论。但是，为此无视现实，乃至轻视自己，一切唯洋人马首是瞻，也绝无成功之理。今天，我们需要注意不要走向另一个极端，应当思考合乎我们民族的新的社会组织形式。或许我们需要忍耐一段混乱的时期，但这期间很多参考资料有不断散失消亡的危险，需要及时收集。我们虽然力量有限，但是必须挺身而出，学问救世，适逢其时。切不可蹉跎岁月，虚度这段宝贵时光。

或许有人怀疑，《关于先祖》这种通俗读本到底能有多大作用。我的动机如下：第一，在推动那些先知先觉的领导人注意这些事实之前，我最先想面对的，是那些年轻学子，他们一般容易偏向社会上通行的所谓书本知识，很少关注这样的题目和内容。我希望能够引起他们对这方面的兴趣。第二，我收集的资料，实际上还是非常贫乏的。我希望把很多人在头脑中尚存但是岌岌可危的孩童时代的记忆，在绝无仅有的机缘下将其唤醒。希望他们并不是仅仅以一种愉快的感受来阅读这本书，而是能更进一步把他们回忆的成果告知我。这本书是以记述事实为目的的，有时显得啰嗦难解，这个未必是文章技法上的问题，而是因为我还没有足够可靠的证据和材料，简明易懂地把事情说清楚。现在是非常时期，国民的生活坠入谷底，平时无法想象的悲壮惨烈的场面，在全国最平静的地方都频繁出现。① 一些片段通过报刊为世人所知，但我们不能驱动双腿去地方上寻找这些例子。过去一般人说都不敢说的死后的世界，是否存在灵魂，以及生者对这些事情的看法等，这些在漫长的岁月中形成的连绵不断的情感和观念，突然全部在人生的表层呈现。有很多读者认真地思考和观察着，我心底特别期待这能够成为我这本书受到关注的一个契机。故人是这样被理解为先祖的；对家的未来的牵挂会一直持续下去，我不是教训大家要接受上述这样的观念，然而像我们这样有悠久历史且文化积淀丰富的国家，和那些完全没有历史传承的国家，是不可同日而语的。要制定一个好的社会方案，必须和多数人沟通，得到大家的理解和认同。如果觉得这个过程太麻烦而去强制大家接受的话，那就和旧的政治手法毫无区别了。剥夺人们自由思考和自我判断的教育是灾难的根源所在，这一点已经被大家所接受。很多政治家并不认为学问是唯一促使国民走上自主命运的贤明之道，但我却坚信这一点。回顾漫长的历史，我们从未像今天这样丧失对未来的预知能力，这个不幸的状况可能在战后会持续下去。为了恢复我们民族的这个能力，学者奋起，责无旁贷。我自己年老力衰，虽有心而力不逮，更何况时代骤变，我

---

① 一般认为柳田在这里暗指"二战"末期日本军队发动的自杀式袭击等行为。

等准备不足，难以充分应对。因此，不敢想这本小书能有什么大用，仅仅希望能够得到今后成为社会栋梁的年轻新锐的若干理解和共鸣。

昭和二十年十月二十二日

一　两种解释

"先祖"这个词，在日本，不同的人有不同的理解和用法，通过文字了解这个词的人一般会将其理解为这个家族的始祖，或者在远古时代生活和活动的人们。从字面上看，上述理解并无问题。还有就是某个先人经常被提起，关于他的事情人们知道得比较多，这样自然而然，他就会被写入家谱，成为"先祖"的人大多如是。

对"先祖"有另一种理解的人们，从小对此耳熟能详，知道这个词的古意，这类人即便后来读书识字，学习了这个词的字面意，也不会像上一类人那样理解先祖这个词。最大的不同在于，这类人认为先祖应该是在自己家中享祭的对象，是家族的一部分。对这一点能够明确断言的人并不多，但是他们的观念总是在说出这个词的时候被表现出来。对此我也关注很长时间了。

最近，我参加了一个位于茨城县水户地区的叫内原的地方的农民道场①，这里聚集了来自各地的热心于农业的人。我从参加的诸县②邀请了十多个人，主要是世居当地老户的家主，听他们聊各自的家世。其中，有人说自己家已经传了二十多代，有的说传了十五代，有的说传了十八代，还有一个人说他们家传了六十多代。我很惊讶，仔细一问，这个传了六十多代的人家有很详细的家谱，从桓武天皇③以来的所有世代都清楚地记载着。平氏④家族出自桓武天皇，全日本的平姓都是其后裔，这个事实大体没错。而作为皇族，这个尊贵的家族并没有统计世代的习惯，也没有主祭的家庭，造成这种罕见的混同的原因，大概是由于对"先祖"的两种不同的解释所造成的。随着文字教育的推进，第一种理解方式深入人心，这个理解实际上晚近且单纯。我在这里想要着重分析的是第二种对"先祖"的理解，这种理解虽然出自那些守旧且没有学识的人的解释，但是代表了大多数国民的想法，它不知道何时开始流传下来，也没有相对明确的表达方式，因此随着时代的推移，有可能不知不觉地发生了讹变。

---

① 作为振兴农村、山村、渔村运动的一环，日本政府在全国各地设立的培养骨干的教育设施。

② 日本的"县"写作"県"，相当于中国的省一级的行政单位。

③ 日本第 50 代天皇，781—806 年在位。

④ 平安时代前期的皇族赐姓之一。

二　一个小小的实例

我国一个姓藤原的家族，比平氏家族要大很多倍，有根可寻的就有几十万户，也有一说超过了百万。过去藤原一族有影响的政治家辈出，因此古时的情形比较清楚。奈良的春日和河内的枚冈两个官币大社①等各地的神社祭祀的神灵是"天儿屋根命"②的后裔，但是这个神一般并不被认为是藤原家的先祖，而且广为人知的事实是，最初接受赐姓藤原的人叫镰足。无论如何藤原家族是不会没有后代的，但是没有哪个藤原家把藤原镰足当作先祖来祭祀。到了镰足的孙子辈，四个男孩分别自立门户，没有确立哪一个作为本家③。其中藤原房前一族的子孙繁盛，又分出很多支脉，这个支脉

①　由宫内省负担祭祀皇族、功臣的祭品的神社，
②　日本神话中的神。古代氏族中臣氏和藤原氏的祖神。
③　一个家系公认的中心家庭。

进而供奉分门立户的人作为先祖。

这一点《尊卑分脉》①这本书有详细记载。关东地区的农村有很多"山阴流"，也叫"鱼名流"②系统的家系。我自家的家系就出自"鱼名流"的一个小支脉，所以可以具体说明一下。"鱼名流"中特别强势且数量多的，是我家所属的"秀乡流"这个支脉。"秀乡流"这个名字源自田原藤太秀乡，他以前歼灭将门③立下功勋，因此而得名。但是这一脉的宗门在何处祭祀秀乡，已经无从知晓。在奥州平泉④达成三代荣华的佐藤氏从"秀乡流"分出，今天在关东和东北有不少老户都姓佐藤。因此也有人称之为"佐藤流"。田原藤太的子孙的分支当然不止于此。大体如今栃木县南部和神奈川县的西部，有不少是这个家系的后裔。前者是足利（田原）、佐野、小山、结城、长沼一族，后者是波多野氏一族。后来这个家系又分出松田、河村家，其本家都是镰仓时代的大名。我们柳田一支据说也是这个河村家分流出来的。河村家也没有本家，现在住处迁移到栃木县，有几十家知名的老户，还有一部分迁移到群马县各地，也有更往西

---

① 日本南北朝时代成书的各家的家谱。后经过很多增补和修订。现存的大半是藤原家族谱系的内容。

② 藤原房前之子鱼名的家系。

③ 平安时代中期的武将，曾在关东地区发动叛乱，自称新皇。

④ 在日本东北地区的岩手县。

到信州北部的。因此我家祭祀的先祖，当然不是田原藤太秀乡，也不是波多野、松田、河村那些家系的创始人，连从河村系分家出来创立柳田系的第一代都不是。"先祖"这个词的两种解释的差异，正好可以说明这个现象：一种是把藤原鱼名、秀乡当作"先祖"，另一种是像我这样，尊奉一个默默无闻的叫柳田监物的人，以及将他下面的主人主妇们作为先祖。两种先祖观虽然用同一个词，但理解完全不同。

三　家系的第一代

　　没有什么特别值得骄傲的家世，我接着以我自己家为例子。这个柳田监物是战国末期的人，到江户幕府时代已经是老人了。有记载说，他原名叫彦兵卫，因为在宇都宫的主公下立有军功，赐名"监物"。宇都宫一门因为开罪于丰臣秀吉，失去了领地，变成没有归宿的浪人。后来到原来自己领地真冈①"隐居"②，大概靠务农维持生计。真冈如今还有姓柳田的老户，我家也许是他的次子或者三子分家出来的，但是没有任何说法传下来。监物（彦兵卫）有个儿子叫与兵卫，是个靠谱的好青年。当时领有真冈的是一个叫堀亲良的

---

①　位于栃木县东南部。
②　这里的"隐居"，是一家之主把位置让给继承人的意思。

旗本①的武士，他幸运地成为大名，以一万几千石②的俸禄成为鸟山的领主。我家祖上的与兵卫当时自愿去奉仕堀亲良，最初没有领地俸禄，后来逐渐升迁，成为"御作事奉行"和"旗奉行"③。因能力得到认可获得近百石的俸禄。因此我家把这个柳田与兵卫当作初代先祖，而柳田监物因为生前就把家长位置让给儿子，自己"隐居"，所以没有被列入先祖的序列，但是作为开祖最重要的家族成员，墓碑和寺院的故人名录，以及我家的先祖祭坛上，都郑重地书写了他的忌日和戒名。也就是说每年"盆"祭④的时候，他是回家的先祖，也就是说，是祖灵的一部分。这样的习俗在全国各地现在依然存在，而且似乎还有扩展。本家的主人即使没有随着次子分家，分家后也受到祭祀的并不少见。换言之，在分出去的新家里也可以给第一代的祖先设一个牌位，使其接受祭祀，这个恐怕不是古时候就有的观念，因为原来"隐居"而和次子以下的儿子一起分家之后共同进入分系的，才成为这个新家系的先祖。

---

① 从中世到近世日本武士的身份之一。
② 谷物的计量单位，一石约为180升。
③ 负责幕府建筑营造和修缮，以及将军的军旗的维护管理的官员。
④ 旧历七月十五日前后举行的迎回祖灵祭祀的仪式，具体做法有地域差异。一般认为是佛教用语盂兰盆会的略称。但有很多活动是依据日本的传统信仰举行的，和佛教无关。

死后接受祭祀，应该说是一般人的心愿。了解这个心愿的子孙，不可能去辨别要祭祀的先祖和不需要祭祀的先祖。但是，谁来祭祀、在何处祭祀，都没有一定之规。祭祀先祖不仅是子孙的义务，而且也是作为正统继承人的主人夫妇的权利。像我家那样，即使知道本系的先祖，也不去祭祀他。这一点和各地的神社中把人作为神去祭祀的做法，有明显不同。

四　成为"先祖"

　　前面说过，"先祖"这个词在民间的意义，和从事新学问的人的理解，是有很大不同的。还有一个类似的例子是，"成为先祖"这个说法的意义。这个说法像是新的，但是我等小时候就常常使用，也听过那些所谓学者们用过这个说法。比如说遇到个孩子，体格健壮、头脑聪慧但是没有家业可以继承，周围的人一定会鼓励他说，好好努力，以后成为先祖。对这种话，说的人、听的人都不会有什么不吉利的感觉。父母年纪大了，担心最小的孩子的生路，也会说，这个孩子有出息，将来一定能成为先祖。这话既有安慰，又含鼓励之意，意思是说这个孩子将来能够自立门户，并永续家业，就像我祖上的柳田与兵卫那样，具有自立门户的能力。那些不受待见的、无权继承家业的次子和三子等，听了这样的话说不定会激起上进之心。事实上，明治时代的那些被称为新华族的，有一半是这类人。

时过境迁，这种说法我很久没有听过了，不过最近偶尔又见到一位要成为先祖的人。在南多摩郡的丘陵地带，一次，我有事出门，在路上，我遇见一位住在原町田的叫陆川的老人，他和我年龄相仿，我们俩在等公共汽车的时候聊了一阵儿。老人上着染着店名的新店服，下穿橡胶长靴，留着长长的白髯，显得风采奇异。他一直说他要成为先祖。他出生在越后①的高田这个地方，来到母亲的老家信州学习木匠手艺。在服兵役之前来到东京打工，因手艺精良，在四十岁左右就攒了些积蓄，后来独立承包工程，并转行销售木材，现在有不少房产，过着悠游自在的日子。这个老人家里有六个孩子，有一人当兵，其他的也都成家立业。每个孩子都盖了房子，给自己的母亲养老送终，墓地也都有了着落，已经打算在这里叶落归根。这个老人的心愿就是要成为这六个新家共同的先祖，说到这里，老人的语调洋溢着满足和兴奋。创立六个新家，自己死后得到这六个分支的祭祀，这虽然和过去的先祖的愿望略有不同，但是把这个作为自己死后的目标及对子孙未来的规划，即便身处顺境，也没有其他的欲望，如今实属罕见。这种古朴纯粹的心境，实在令我钦佩。

---

① 在新潟县。

五 继承制和两种分家制度

日本的家庭制度有三百年以上的历史。植根在这个陆川老人身上的让家系强大、绵长的长子继承法和照顾每个孩子利益的分割继承法，这两种分家制度在对立和妥协中延续下来，其结果是在海外开拓，开辟了前所未有的历史局面。有关"先祖"的烦恼和痛苦在我们日本民族中非常特殊且深重，如何选择和判断是极其重要的。现在并不是讨论这个问题的时机，我所能做的就是把现存的事实揭示出来，特别是让那些快要忘记先祖近世①以来为了家业和子孙付出了多少血汗的子孙们不要忘本。这里首先讨论一下两种分家制度后来是如何变成一种的。

强化家系就是扩大家长的权力，具体说，次子以下的儿子，要

---

① 日本史的近世指安土桃山时代到江户时代。

忍受比长子差得多的生活。导致家弱化的最直接的原因是农作物的收获量减少，无法养活更多的人口。众所周知，以前的军队不像现在这样是募兵制，而是由土地的领主或者其代理者率领自己的属下参加。当人口慢慢减少时，这种局面便无法维持，因此，即便出于政治和军事上的需要，也必须抑制分割继承的方式。如果天下承平，本来没有这个必要。相反，征收劳役赋税是以户为单位的，官府也曾鼓励增加户数。可是对于各户来说，如果没有相当的好处，是很难迈出分田分家这一步的。这未必是古老传承的力量。首要原因是，一旦分家，每年家里的祭祖法事因为人口减少便慢慢无法维持原有的规格，即便父母出于对小儿子的关爱，坚持分家，也无法释怀对先祖的歉意。世间又特别在意祭祖是否隆重，所以一旦有谁家在这方面对过去的习俗惯例稍微有所减略，马上就有风言风语，人们会认为这个家家业衰败了。因此，那些以前的豪门大户，对此都非常警惕，对分家的态度也是极其慎重的。

六 "隐居"与"部屋"

把愚者称为分田①，意指分田是个很愚蠢的事情，这听起来像是开玩笑。有些地方即使在鼓励增加户数的时代，也执行一个法令，即规定一个农户的生产量不能少于十石。问题并不在于单位土地的大小，而在于可以无限分割的家继承的问题。凡事一旦有了先例，就很容易流行开来，而且互相攀比。古风淳朴的山村都不许在村内分家，这样的乡规民约各地都有。飞騨②白川村自古有名。在一个村里，家里有人说要出去开个店，就可以在路边建个独立的房屋做生意。也有的地方不允许开店，只允许因为"隐居"而在本家之外建房居住。"隐居"是把家长位置出让的老夫妻，在还健康的时候

① 日语中"愚者"与"分田"发音一样，都是 tawake。
② 在中部地区的岐阜县。

就搬出去单住，他们亡故了以后还是可以回到本家的。但是这个习惯逐渐发生了变化，有一种"隐居"的方式是父母以"隐居"的名义把次子及以下的孩子带出来，分给他们相应的土地，然后不用还给本家而直接让弟弟们继承，这样的例子也不少。也有父母把土地给次子以后再次"隐居"，给三子以下的孩子分了土地后再带出来。有些地方所谓"隐居"特指次子，三子的情况则称"三隐"。意思是父母"隐居"的时候带出来的孩子，有的孩子被父母带出来的时候还在上国民学校。标准话"分家"都被称为"隐居"，这与长辈是否健在无关。换言之，在"隐居"之外，村里是不允许分家的。

把分出来的小家称为"heya"或"hiya"①的地方有很多，原因是其发音和"隐居"很接近。"heya"如同"味噌部屋"或者"木柴部屋"这样的称呼，原来是在家的区划范围内建造的附属房屋。把房子用隔板分割开，正房的一个房间也可称为"部屋"，住在里面的人被称为"部屋住"。原来指主人夫妇以外的所有人，家庭人口多的话无法住在一个屋檐下，需要建造一些独立的小房，后来逐渐建到家以外的地方，已婚夫妇搬过去住。这个和正式的分家慢慢不好区别了。现在除了家的新旧和家的大小之外，两者也没有什么区别，慢慢就

---

① 汉字写作"部屋"。

混为一谈了。不过，如果仔细考究，还是有些许差异的。老的分出来的新家一般规模比较小，而且本来就是如此，并不是后来变小的。这个从区划和构造上便可得知。成为雇农或雇工的人的家当然如此，而有血缘关系的叔伯兄弟，自古也都是雇农身份，他们并不是外人，而是原来住在一个屋檐下，作为本家的一份子共同生活的。换言之，就是住在不同房间的一家人。这个和最近大的新式住宅结构开始就不一样。那种新式住宅拥有自己独立的先祖祭坛，可以单独举行先祖祭祀。

七　今昔之别

　　"部屋"和"隐居"本来不能说成是分家，大家在下雨或休息的日子，白日不劳作，各自在家里活动，吃饭也是在炉火上简单地调理一下一起吃。节庆活动、插秧收割，以及制作大酱、咸菜这些比较需要人手的活计的时候，历来都是所有成员聚集到正房来，和正房的人一起做活儿、一起吃饭的。捣"糍粑"、做蒸食也是用正房院子里的大灶，其他需要很多人一起协作的工具，也都只有正房才有。换言之，出去住的人虽然住房和正房分开，但就像花一样，是花瓣围绕一个中心的集合体，而不是独立的生产和生活单位。这个或许可以说是我国大家族制的一个特殊的形态。然而，世事变迁，无论是家族内部，还是外部，都慢慢接受了小家独立的现实，再小的家也是一个家，这样的观念逐渐增强。这样虽然有好处，但是会让人觉得孤单。独立的新家尽力扩大自己的耕地规模，和本家平等地签订一日雇工或者物品借贷的合同等，慢慢撑起一家的门面。当然长期以来，我们一直以正房为重点关注对象，所以这些手续有所省略或事后补做的事情也是常有的。这种建立在祖祖辈辈的体验之上，无法用语言和文字表达的无形的惯例，就包含了先祖的观念，特别是自己要成为好的先祖的想法。但是因为"先祖"会让人联想到亡故，所以人们一般不会在老人面前说起，因此有逐渐形式化的倾向。近年独立的新家和以前旧式的新家，在感觉上有很大差异，后者被认为是古朴持重的时候，尚且无虞，而当其逐渐被看作因循守旧之后，从数量到影响力，就都无法和晚近的新家相比了。而且，新的分家形态的出现，自江户时代天下承平时便开始了，绝非是明治新时代，也就是西洋文化传入之后才出现的现象。

　　针对上述两种分家的形态，我是一个改良论者。我从没有想过我们日本国民从今往后的生活应该一成不变。世道迥异自不必说，即使外部环境没有变化，我们也应该努力探索改善生活的方法，探求新生活的方向。过去的做法更好，复古胜过革新的情况固然可能存在，但是，要做出这种决定的前提条件，是必须对过去有准确的了解和理解。对于我们的过去，我们有不知道的，也有知道但是逐渐忘却的。将那些过去的事实作为范本，还是作为参考，这些判断应该留给今后的年轻研究者。总之，对我们民族过去的生活事实，我们切不可视而不见。

八　先祖的慈爱

　　前面提到的藤原的例子，如今在乡下，即便是公认的老户，追溯其成立的日子，也顶多追溯到是当时分出的新家。我在南多摩遇到的老人也是一样，都是由新近成为先祖的人立下的门户。像源氏、平氏、藤原氏、橘氏这样的能够说得上是正宗的本家的，打着灯笼都难找。听说有些在神社服务的家系，是神代以来的嫡传正宗。家和人的身体一样，都有生死荣衰，新旧更替实属自然。在我国的历史上，像战国时期那样旧豪族没落衰亡，曾经有过几次。那时的人们对家系永续的关心比现在的人要强烈得多。父母也罢、子女也罢，都同心协力保持家系的延续。即使分家，也一定会考虑不损害家系的繁荣强大，不做好周密的安排，是不会迈出分家这一步的。在同一个村里，除了以"部屋""隐居"的方式新立门户，和现在相比，新立门户的难度要大得多。过去的分家大多在村外，有时甚至在意想不到的远处，理由正在于此。

　　耕地原则上是最安全的财产，以前很多地方只能靠耕地维持生计。也有人开荒种地，靠自己的能力扩大耕地的面积，这是个事半功倍的好事，由此可以过上富足自在的日子。那些交纳"年贡"①的普通的农民，只要愿意吃苦，也可以丰衣足食，让子孙安泰。因此，只要有土地就不怕的想法成为固有观念，而且现在也根深蒂固。人们对孩子的爱，表现为一种非常痛苦的形式。先祖传来的东西属于本家，任何削弱本家的行为都愧对先祖。而孩子多是无可奈何的事情，所以老人一生劳作累弯了腰，还要在山野搜寻空地，希望能为次子及以下的孩子留下点财产，这样的人不在少数。也有的人说我自己一生的财产都会分给孩子们，这也无可挑剔。实际上，人到老年还殚精竭虑，尝试各种可能，甚至越界从事很多已经不是农家传统的行业。这些都有值得同情的动机在其中。

---

　　① 农民每年向领主以稻米或者其他作物及物品的方式缴纳的租税。

九　武家①繁盛的实情

在长子继承制度完全确立的中世②，也有很多父母，为了次子及以下的孩子们不辞劳苦。中世的武藏国③有武藏七党④家系图，这是一个相当详细的家系图谱。从中可以看出，有势力的且长寿的武士，都分出了三四户新家。大概在他们还身体敏健的时候，就给继承人娶了媳妇，并把本家传给他，然后带领一些年轻随从，在一定距离之外的原野边独自居住，着手开垦荒地，或者接受以前亲戚之间有关系的田产，把这些当作本家以外的财产，来为次子、三子及以下的孩子立门户。这其中，有很多家连姓氏都改掉了，有的是

① 武士的家系，与特指天皇和朝廷的公家相对。
② 日本史中的中世指镰仓时代和室町时代。
③ 现在的东京都、神奈川县和埼玉县。
④ 平安时代后期到镰仓时代，以武藏国为中心的实力强大的武士集团，主要有七个家系。

过继的养子，基本都是女婿。七党就是七个系统的大家族，相互对立又互相通婚协助。新地开发的时候，往往各家族先下手为强，并没有事先划定的势力范围，所以慢慢也就离本家所在地越来越远。这样看来，中世的关东地区还有很多未开垦的土地。这里的人口激增、农村繁荣，也是亘古不变的父爱的结果。

然而，可开垦的土地资源渐渐枯竭，增收来源逐渐减少。寸土必争之势日益紧张，弟弟和子侄外甥等在这个争斗的格局中地位不断恶化。新得到的田地一般是村里老田的邻接部分，是由村落周围为数不多的杂地开垦得来的。如果连这个都没有的话，人们只好从本家的地中划出一部分租种，慢慢这些人的待遇就像家臣的孩子。如此下去，无荒地开垦又变成了常态。武者修行这个说法在中世还不存在，但是，那个时候的年轻人已经常出门旅行了。对现状心怀不满或者怀抱野心的年轻人，背井离乡寻求发展。有的人为了服劳役，从地方到京都居住一段时间，相当于那个时候的服兵役，对这些人来说这是很合适的。他们在京都有了很多相识，而且往来家乡都受到优待。但他们的苦恼也不少，比如住在乡下的女儿嫁人的问题，以及人手不足但是还想扩大门楣等。其中在京都混不下去被迫离开的也不少，他们的家系和出身大都为人所知，所以到地方也都容易被接受。由此人与人的交流逐渐频繁，不知不觉间，全国各地都有了类似的情况。特别是武士，因其武力的强大而拥有更多的话语权，东部的武士有政治上的后台，所以能够在短短的时间内势力就扩张到九州的偏僻之地，北边则达到奥羽①全境。

---

① 现在的东北地区。

十　远地分家

坂东①的"八平氏"②和武藏的"七党"，还有其他类似的原来只有本地才有的姓氏，后来在全国各地都有分布，原因正在于前文所说。血统是否一致并不重要，只要地域合适，或者其他别的条件合适，家业就能繁荣扩大，扩展到远方。实际上，家业的扩大并不是在各地均衡发生的，只有那些规模大得多的大户人家存有这方面的记录，过去就有"庄园"③虽然属于一个领主但分布在各地的情况。"平家追讨"④以来，有几次论功行赏，新的封赏的领地几乎都是东西相隔很远的。这其中，也有隐藏的理由，比如关系近的，封地就

① 关东。
② 关东地区势力强大的八个豪门。
③ 平安时代到室町时代贵族与寺院、神社的私有地。
④ 平安时代末期，达到全盛的平清盛一族，遭到源氏的征讨而灭亡。

近些，还有以前就在此地居住等。总之，像这种飞地很多的状况，对分家而言，是非常合适的。这些飞地专门由本家下辖给代官让其管理并非不可能，但是监督起来分心费力，货物运输成本也高。所以本家有弟弟或者次子，想让他们自立门户的，就直接分给他们，这也是很自然的做法。这种状态一直持续到江户时代的大名领地的分封。仙台①的伊达家系分出了伊予②的宇和岛，赞岐③的高松则来自水户④德川家，此类例子不胜枚举。寻常百姓也是如此，最初有两个以上店铺或者农场的，最后大体都是如此留下遗言死去的，或者一开始就是这样打算的，很少有人去做别的工作。考虑到我们有这样长久以来所形成的习俗，新立门户是需要一定的基础的，比如经济基础。任何生物都本能地不会把种子洒在没有养分的地方，而人类则更是会有意识地做出规划，从一开始就把能够出产作物的土地作为分家的一个必要条件。最初，这几乎是分家的唯一的条件，在我们看来，是理所当然的。

从中世以来，日本的国语中便把每家拥有的基本财产称为

① 在东北的宫城县。
② 在四国的爱媛县。
③ 在四国的香川县。
④ 在关东的茨城县。

"toku"，大概从汉文的"所得""得米"的"得"而来，其意义大概是从"获得"引申而来的。从不知道何时开始到现代的民法，用"家督"这个词来表示各家的"得"。无论怎么想，"督"这个汉字都没有"得"的意思。有人说或者是"福德"的"德"，是由"御德用"这个词而来。其实汉字的"德"和这个意思不同，不过是日语的谐音字而已。那么，世袭的财产在被称为"得"或者"家督"之前是怎么称呼的，就是一个问题。或许这个问题根本没有答案。我想，当京都之外的地方上也盛行分家之后，换言之，大家族制开始走向崩溃后，这个词自然便丧失了存在的意义。

十一 "家督"①的重要性

出于方便，就着"家督"这个词说下去。现在"分家"这个名称，被比较广泛地使用着。因为是实际上分出来的家，所以才这样称呼。这仅仅是从字面上来理解的。原本是否有"家督"的存在，情况是大不一样的。分到"家督"的才能叫"分家"，否则就是第一世，或者自己奋斗创立门户，就叫"别本家"。这些都有我身边的例子可以说明，而且最近，这类例子越来越多。我出身的松冈一族，从现在上溯六代，是贫困的医生。家里一个孙女嫁到附近的村里，结果婚姻不顺利，回到娘家，最后死在娘家。一起回来的还有一个男孩，但是这个男孩没有成为医生，他在镇上的商家做事，攒了些钱财，在母亲的娘家村子附近建了房子开始经商，后来形成规模，发

---

① 这里指全部家产，也指户主的地位，以及家产的继承人。

了财，给男女四五个孩子都分了家产。不知是不是故意的，这个人总叫孩子们把他的家叫"本家"，而从没有叫伯父松冈家为"本家"。现在想来也是理所当然的，这个人分得的"家督"分文不值，按照当时的想法，不可能是"分家"。世事变迁，特别是城市发展，职业选择多样化之后，靠自己的能力成为先祖的人很多，且今后还会不断增加。如今，这种观念和法律用语，都认可这种情况属于"分家"，而且对其中的差异不做区别。今天那些新兴的成功人士，所传承的无形的"家督"，比如性格和健康，以及从父母那儿得到的养育教育之恩，使自己能够独立，比起获得五亩三分田的那些子孙，这些人和父母的关系更亲近。由此看来，我国的这个古老的习俗，仅仅是适用的范围逐渐扩大的话，其结果尚可接受。但是这个现象实际上导致我国分家制度发生了根本的变化。家与"家督"的关系，迄今为止事实上一部分还存在。但是，由于多数人已经分散居住，所以这种疏离的氛围导致本住在一起的比较牢固的本家与分家的关系，也都变得逐渐松散。

我觉得对先祖的温情，存在于各自成为先祖者的心底。这些成为先祖的人周密筹划、深谋远虑，以期在自己死后，也能继续保佑子孙后裔，让其家业永续。这种行为，正体现为"家督"制度。我感觉，对此理解肤浅的人越来越多。国家的经济组织发达起来的话，

"家督"也可以表现为土地之外的形式，和逐渐减少或丧失的有形财产相比，对先祖与子孙之间的亲密关系有切身的理解和感情的这种无形的"家督"，对家业永续的帮助更大。但是如今这样的观念还很难让人接受，我下面要讨论的，就是这方面尚未明了的事实。

十二　家的传统

占国民人口大多数的农民，今天有不少人把"家督"这个词理解为不动产。严格讲，两者并不完全一样。"家督"除了物质之外，还有无形的东西。能把这个无形的东西简明扼要地表达出来的词语还没有，但是，相信今后会有喜闻乐见的好名词被创造出来。商人之间有所谓招牌、老客户、信用等，都是非常具体且能够评价的词语，农民之间比这些更根深蒂固的是什么呢？在言语的表现上，都是零零碎碎的具体说法，没有一个总体概括的词。这个是国语自然发育的结果。我们要对此认真思考。

传统这个词，今天使用它的时候，多少有一种被动接受的感觉。我在这里所说的传统，更加强调习得之后施行、展示，并且通过教育的方式教授，让其被记住能传给下一代的东西，或者说，是外在可以显示出来，通过眼睛耳朵能够确认其存在的东西。这个虽然不是我说的"家督"的中心,但是是基础,是潜在的统摄周围的东西。中世的名称叫"诸道",或者"职人",也就是不事耕作,从事别的工作通过交易谋生的人们,他们大多把对技艺和业务的态度,以及有益于社会的方式等,作为"家督"的中心要素。因此他们有一种口传家族传记的特殊教育法。换言之,这种特殊的教育法成了土地这样有形财产的替代品,本钱或者说资本的作用还没有那么大的时代的商业行为,可以归为此类。比这个更重要的是官员这个阶级。在农民看来,不种地而能生活的人中,官员是最高级的。只要这个是世袭的,其地位也是一种出色的"家督"。古时候高官拥有领地,自己不事耕作,也依然可以靠土地的收益生活。在靠土地为生这一点上,官员倒是和农民相同。后来,随着可直接耕作的土地越来越少,而从主君那里领取俸禄的人越来越多,拥有一个地位或者职业,如成为官员,或者成为学者,便成为创立门户的条件。如此,除了老一代的传授以外,继承这个地位和职业的每一代人的理解和体验都会被不断加入,从这个意义来看,"家督"是一个跨越时代的纵向的结合体。

十三　"卷"①和亲族关系

长话短说，分家最初有"异地分家"和"异职分家"两种，实际上就是本家无力控制，短短几代就有人自立门户。这些初代户主苦心经营，建立自己的"家督"。而与此相对，同地同业之间，不管家的规模大小，将"家督"分割并创立新的门户，这是后来的做法。更进一步说，从这个现象可以看到大家族制解体的过程。当然这个需要具备条件：一个是外部的经济组织的革新，另一个是家长的禀赋才干，以及艰苦努力。分家也就是分割财产，这个说法被一般世人所接受，是这个制度得到大家承认之后的事情。这个也有两种情况，或者说至少是两种倾向。以前类似"隐居"的方式不太容易孤立，因为存在以本家为中心的凝聚力，而与此相对，那种"异地"

①　同村内本家分家结合体的名称。

"异职"的独立门户之间，容易产生一种对立的局面。现在，我们忽视了这两个事实在形成过程中的差异性，仅仅从字面上的概念来解决问题，最终导致各自的诉求相对立，造成很多成为先祖的计划受挫的情况。说到底，是在家的机能的发挥方面，"异地"和"异职"的独立门户都产生了一些困难。这里不便使用"危机"这样严重的词汇，但我们要尽可能获取这方面的知识，才能应对可能出现的困难局面。

日本自古以来是小农占多数的国家。一家生育很多孩子，一族子孙繁盛，一般而言，这是偶然的结果，并不是每个人都能随心所欲的。人口少、力量弱的人们，为自己的未来相互帮助也是理所当然的，为政者也鼓励这样做。听说甲信①地区，有无血缘关系的人们团结互助共同经营一块土地、共同祭祀神佛的做法。关东地区有一种叫"村身内"的，同族的人口少，就和别家协议互相以亲戚关系来往。大概互相扶助的原来都是久远的同族人，不能算民法上所称的亲属。但是，即便无法清楚判明关系的老亲戚，一直保持同门之谊，缓急之中相互扶助者，并不在少数，这一类亲戚反而被称为"重亲类"，彼此非常重视相互的关系。尤其是先祖出身的家门，那

---

① 现在的山梨县和长野县一带。

些重传统的人们常常说，即便是距离很远也要和那些家门保留从属关系。分住在各地的同族人，即便是血缘淡漠，互相都不太认识，也要长时间互通音信，守望相助。也有的人会想方设法强化互相的血缘关系。将来，随着日本国民海外移居者增多，这基础层面的同族联合，极有必要加以改良和强化。已经迈出了第一步的人们，现在应该开始仔细思考这个问题。另一方面，住在一个村里，曾经属于一个"家督"的人们，互相协助共同维持生活的家与家的结合，又是另外一种情况。一方单纯是家的问题，另一方则超出了利害关系成为社会的全部，将其综合起来，就是村落的生活，由此应该进行反思的，便是最终公共团体也发生了变化和改组。虽然有些晚了，但是变化已经开始了，而古风的一部分依然留存，即使单纯作为历史，我们也有义务揭示这个事实。

十四 "卷"的结合力

　　今天的实际情况是，同姓的家通常集中居住在一起。例如，小林、田中、佐藤这些最常见的姓氏，分布都有特定的地域特征。听到姓氏能猜出家乡，对我们来说并不难，但是，问两个同姓的人是不是亲戚，恐怕很少能得到肯定的回答。因为同姓的家户很多，但亲戚总是有限的。其中关系也差异很大，比如，以前是亲戚但是现在没有来往；有的虽然知道是亲戚，但是具体关系不太明了；还有的亲戚一点来往都没有。这些亲戚当中，也包括通过婚姻建立的亲属关系。除了上述的亲缘建立的亲密关系，剩下的大多是我要讨论的自古以来的结合体。精确地说，离开先祖的本家迁往异地他乡的家庭，一类是有特别的缘由一直保持来往的，说是亲戚其实也算不上；另一类是因为血缘之外的缘由而加入进来的。这两个原因形成的结合体的本质并没有什么变化，古文书所说的"一门"就是指这个。如今一般都称为"一家"，这个大概会成为标准的说法。日本西部地区把"一统"，或者"一类"称为"yauchi"或者"kuruwa"①，感觉上和这个很像。中部以东的地区多称为"maki"。"maki"的意思明确，使用历史也长，我们大都使用这个词，从方便的角度考虑，我们对应地使用"卷"这个汉字。

"卷"在有的地方分为"大卷"和"小卷"，"大卷"基本上流于形式，真正有生命力的是"小卷"，还能找到具体的存在方式。不过本家对下面的干涉或者下对上的依存，比以前宽松很多，各家基本上可以独立生活。不过还是有一些古老的规范被保存了下来，不遵守的话，会被认为坏了规矩。普通的邻里关系之外，还有一些必须遵守的礼俗。我认为需要对这些礼俗做尽可能详细的了解，才能理解"卷"至今存在的理由。在本书里，我想先讨论两个内容：一个是每年正月的仪式，另一个是先祖祭祀日子的集会的习惯。我想这两个本来是一个仪式的两个侧面，但是目前很难如此断定。所以对于研究者来说，是很有意思的课题。无论如何，我们需要把这个问题的轮廓梳理清楚，同时它也是理解我们的先祖们对"先祖"的观念的必由之路。

---

① 同姓一族的总称。

十五　节庆日

　　本节讨论我国民间节庆中两个最重要节日的来源：正月和"盆"。其中"盆"，现在一般人都知道是祭祀先祖的日子。而大部分人也都认为正月是个节庆日子。有的地方，给亡人做法事的和尚会在正月出场，有很多人认为，从正月初一到初三这三天，法师不能从"注连绳"①下面通过，所以让法师出场是错误的。这些规矩都是现在的状况，最初是否就是如此，需要做更详尽的调查才能下结论。有些近一两年家中有人去世的人家，在"盆"的时候祈求一段时间内不再遭遇不幸，而对于双亲健在且长寿的人家，"盆"则是节庆的日子。现在的乡下，说"恭喜恭喜"是"盆"的祝词。"祝"的意思

---

　　①　标明禁止出入范围的围绳，特别在神事活动时，用来标明神圣场所。新年围挂在门口用来驱邪。

古今是有些不同的。"祝"本来是洁净身心，使身体进入适合祭祀的状态的意思。这个可以从文献中得到印证，以前写作"斋"。神社所做的祭祀的准备也叫"祝"，举行祭祀的人，要谨言慎行，不接触污秽之物，保持心平气和的状态，这就是"祝"的意思。完全遵守这些戒规，就达到了可以受人恭喜的状态。因此，"盆"和正月一样，孩子不得哭泣喧闹，也不得调皮捣蛋。父母健在的人要专门吃鱼，来表明这期间不是斋戒的日子。和"盆"不同的是，正月一般会在新年伊始庆祝平安度过一年，且当年也能万事顺遂，这样的情感在正月特别强烈。自中世以来，正月里有了增进福德之类的伴随着欲望的祈祷，但是如今在新年互相拜年的时候，还是互道平安的比较常见。

正月的祝词像今天这样一般化，还是比较晚近的事情。武家把元旦定为参拜祝贺的日子，所有的属下都应该出来敬拜，不过这只是每个家贺年的扩大版，未必是模仿朝廷正朔的礼仪。但是大家聚在一起热闹一下总是好事，所以正月成为一年中特别欢快的日子，不同家门的属下来表示一下忠诚。"kerai"这个词，原来在京都很多人写作"家礼"，也就是说，即便不是这个家的人，正月时也和这个家门的人保持同样的做法。这个礼仪慢慢普及扩散，最后延伸到同僚朋友，甚至只见过一两次的人，都写一个"谨贺新年"的贺年卡。

这个习惯在"二战"之前就已经普及了，具体的时间节点我并不清楚，这个习俗变成不同家门的人们之间进行社交的大好机会，可以说，是社会的一个重大变化。原来正月和"盆"一样，都是先祖的灵魂回家的好日子，对此我还要更详细地说明一下。

十六　迎新年

农村有些地方在新年伊始的时候有互相道贺拜年的做法，这种做法近年成了担任公职的人的特权。其中一些地方是在正月期间互相道贺，一般年初的互相访问到三月底为止，有时候也有到旧历六月一号的，这期间，去别家至少访问道贺一次，被认为是必要的礼节。但是大多数地方并不认为这属于元旦这一天的活动。元旦一早需要做的，是"氏神社"①的参拜和本家的新年礼。

四国中央山地的广大区域，将这个习俗称为"kadoake"②，有些村子作为一家统一的规范严格遵守。同样的习俗在别的地区，或许是口误，被称为"kado wake"。"kado"一般被认为是门，家的大门

----

① 古代氏族共同祭拜的祖先神，或者与这个氏族有特别关系的守护神，叫作氏神，祭祀氏神的社就是氏神社。

② 意为"新开门"，指拜年的礼节，分家去本家拜访，打开本家的大门。

原来称为"kado"，这一点可以从"门松"①这个词看出来。不论怎么说，这些就是我们所说的一"卷"之中不知什么时候开始的正月元旦的礼仪。元旦这一天早上，大概在日出之前，分家的全员或者家主，来到本家的门口打开最外面的大门，表示把新春的神灵请回自家。与此相对，也有的地方本家的主人在这之后去分家开门。这也是反映两家的地位尊卑高低的一种改良后的做法。事实上，没有谁家那么晚了还不开门，所以这种社俗演变成上门喝一口祝贺的酒水，因此，开门这个词的意思就越发模糊了。

信州②上伊那地区的开门仪式略有不同，到时候是分家的主人带着"注连绳"，围在本家的"神棚"③前，这个如果是古老习俗的残留，那么这个做法的形成也是经过了一定过程的。"注连绳"和装饰用的松树在元旦前两三天开始准备，特别是称为"一夜松"的，要在除夕装饰起来，因为这个时候年神到家，若等到元旦早上，就有些晚了，这或许是新的说法。一年开始的头一天的节点是什么时候，用现在的钟表表示是几点？和这个有趣的问题相关联，已故的南方

---

① 发音为"kado matsu"，正月在家门口摆放的松竹做成的装饰，也称为松饰、饰松、立松、拜松，摆放的场所也不限于门口。

② 在中部的长野县。

③ 设置在家里、事务所等祭祀神灵的祭坛。

熊楠等很多学者的研究表明，我们日本的一昼夜，原来是夜在先，昼在后。一日之始既不是早上太阳升起的时间，也不是零点，而是前一天的日落的时候。这么说的证据有几个，比如汉文的"昨晚"这个词，日语说"yoube"①，但很多人把前天晚上叫作"kinounoban"②。因此，跨年的年夜饭，在中国指的是被叫作"除夕"的那一天晚上的饭。这个时刻，人们会在"神棚"上点上神灯，敬重地把御膳和神酒备好敬上，然后全家一起郑重进餐。街上有很多人在外面收取赊账的欠款，一直会忙到半夜，到天亮才进入正月。那我们为什么会在前一天晚上祝贺新年呢？这个真正成了难题。本来这一夜被称为年夜，和神社祭的夜晚一样，家家都一夜不睡觉，严格遵守守夜的规矩。由此看来，在元旦早上来系"注连绳"是很奇怪的事情，自家的门户从外面被打开，也不寻常。仔细想来，大概这原本是年夜祭，所以分家必须到本家来参加仪式，到了天明的时候斋戒结束，欢欢喜喜地打开大门，正是分家的义务，然后再回到各自的小家，过年之后再出来，由是便变成了如今这样奇怪的状态。

---

① 汉字写作"昨晚"。
② 昨天晚上。

十七　"卷"内新年礼仪的起源

　　属于同一个"卷"的各家，逐渐产生独立性，其他变化也在同时发生。在具体讨论这些之前，我们需先考察一下正月的惯例。即便没有有关迎新年的各种说法，新年伊始也有很多地方要在"卷"内部举行仪式。那些比较重视老规矩的家户，大体是在前一天的傍晚或者入夜，在同一个卷的家庭之间举行岁末礼的。或者分出来的新家的人至少要到本家去照个面。这个和第二天元旦举行的新年礼，在时间上非常接近。也可能有人会觉得，这就是大年夜守夜习惯的依存，大年三十这天一般是尽量晚睡，并不是完全不睡，不睡的大概是主妇或者媳妇，因为她们忙于准备过年而无暇睡觉，行年礼的人们也就是当天完事了以后先回去，然后再出来。

　　正月除了"注连绳"和"门松"外，还要置备很多祭器和餐具。以前没有到所谓"年市"购买的做法，因此，把需要的用具一下子集齐很不容易。捣"糍粑"等需要人帮忙，老户一般会定好日子，同门的人们集聚过来，一起加工福筷、釜棒、祝木和削花等这些新年用品，这些都是作为良风美俗被保存下来的。这之后当然就是饮酒吃饭，这也是新年的一大乐事。做这些活儿的一般是被称为"出入""子分"的小的"分家"的人们，也有老的被称呼"削筷子的""年奉公"等。最近新立门户的人们，一般不愿意进入这个圈子，慢慢就变成各过各的年。不过，还有些老风俗被留存下来，比如，"立门松"要最初"分家"的主人来立，或者"年男"①一定要这个家最吉庆的老人担任，从这些稀少的习俗中还是可以看出，这些原来是本家的庆祝仪式，比现在要亲近紧密得多。若将这些习俗理解为是单纯的义务，或者是作为对本家的地位的承认的话，承平日久，这些习惯便会慢慢消退。它们本来的目的是让各自的生活刚健持久，积极参加宗族的祭奠活动，让身处其中的人产生或强化共有一个先祖的心情。非常重要的是，这个正月礼仪的心性或者意义，是随着时代变迁逐渐模糊的。社会交往逐渐增多，分家也都逐渐开始祭祀自家有影响力的先祖，原有的自然的结合力逐渐松弛。但是幸运的是，一些老的习俗做法，还在形式上有所留存，我们还可以由此追踪寻迹。

---

① 代表一家主持新年仪式的男性。

十八　年神即家神

这里的问题是，最初正月祭祀的神灵，本来理所当然以本家为中心，在新年初始的第一天，我们非常敬重地祭祀的神灵到底是什么神。要搞清这个问题，需要有个顺序。也就是说近世以来，特别是受到外来文化的影响，发生了各种变化后演变至此，即认为正月是一个欢庆的日子，当尽情玩乐，而不是什么拜神的日子。这样认为的人在新的家庭中或许有一些，但是从整体来看，应该不会多。即使在异常忙碌的都市，人们也在元旦一早去神社参拜，也有按惯例去"氏神"或者"产土神"①的神社参拜的。火车的开通带来了交通上的便利，去远处的大神社守夜开始流行，但是正月一早一家之主就离开家，这是难以想象的。我自己的家里的惯例是从除夕开始到

---

① 当地的土地守护神。近世以后，多和氏神同一。

元旦，除了公事之外，是不能离开家的，也没有彻夜不能睡这类禁忌。取而代之的是年夜饭和第二天享用"杂煮"①时，两次点亮神灯，把神酒和神餐供上"神棚"②。原来是在"神棚"前面，同族人一起互道新年问候。而"神棚"上供的是什么神灵，好像大家也不太在意。年末的时候，人们会领到伊势神宫的神札③，或者土地氏神社的御札，把它们供奉到"神棚"之上，由此，就认为拜的就是这大小两处的神灵。这样不负责的猜测需要杜绝。的确一国的宗庙要敬拜，也有人这样教育大家，但是这完全是非常晚近的改良的结果，事实上至少以前是不存在的。首先，像伊势神宫的神札这样的尊贵之物，每户都能得到，这在以前是不可想象的。但是人们可能有类似这样的心情，元旦早上敬拜家神的人数，最近确实多了起来，而且认为应该如此的说法也是值得听取的。但是，如果认为这是我们日本国民古已有之的风俗，就大错特错了。相关的观念有变化并不奇怪，但是一国的大神，正月降临到每个家庭，恐怕我们是不会有人相信的。因此，我们正月的神，一定是单独到每个祭拜并遵守忌讳的家庭的。

---

① 正月初一到初三三天吃的放入糍粑的菜肉酱汤。吃法各地有所不同。
② 祭坛。
③ 神社发行的一种护符，在木片或纸上印有象征神灵神力的图像。人们将其供奉到"神棚"上，或者贴到门窗、柱子上，祈愿无病消灾，全家平安。

十九 "年棚"① 与"吉方"②

　　正月来到家中享受祭祀的神灵，可能在更久远之前，就不知道是何方神仙了。大多数国民都认为是"年神"，或者是"岁德神"。老百姓们更是不讲究，干脆叫其"正月神"。本来日本人的习惯是，神的名字即便知道，也不能说出口。神道学者是例外，他们会把他们的叫法强加给老百姓，这种情况不在少数。但是"正月神"倒不是这样的。农民们的想法未必就一定对，但是，那是和平时很遥远的神灵，为了过年享受祭祀，远道而来践约，现在的农村儿童年末还会唱这样的儿歌：

---

① 正月为了迎年神设置的神龛，也称"岁德棚""惠方棚"。
② 也写作"惠方"，当年的年神所在的最为吉利的方向。

正月神到哪里？说是到什么什么山下去。

　　《簠簋》①这本阴阳道的书说，每年神来的方位是各不相同的。不知道是谁规定的，如今也每年公布"吉方"。东北农村，有的地方会把冬天最后响雷的方位，定为来年新年的"吉方"。盆地的"吉方"是不断变化的，最近，东京的"吉方"，每年都是东方的方位。有不少感兴趣的人问这个事，说明这个本来不仅仅是元旦到当年的"惠方"社寺拜神才需要的。

　　或许不需要说明，新年的特别的"神棚"是如何吊装的，这个习俗和正月的家祭有关。也就是说，没必要常设"神棚"。新的棚叫"年棚"，或者叫"年神棚"，也有讨吉利叫"惠方棚"的。"神棚"一定要面对年神降临的方向，这种做法在江户时代便已成为惯例，这个从《东海道中膝栗毛》的作者十返舍一九②的狂歌③作品里可以看出：

---

　　① 全名是《簠簋内传金乌玉兔集》，是中世阴阳道的书。
　　② 十返舍一九(1765—1831)，江户后期作家，擅长写作滑稽小说。《东海道中膝栗毛》是其代表作之一。
　　③ 江户时代以讽刺和滑稽为主要内容的短歌。

正月已到神田，筋违御门挂起了"岁德棚"。

　　有关年神从何而来的童谣，江户的儿童都耳熟能详。"筋违御门"是现在的万世桥附近的类似卫所的地方，连接内外神田。这里的"年棚"，每年都斜挂在上面，柱面、墙壁等都并排摆放着物品。所以，比较讲究旧例的人家，甚至连每天晚上使用的行灯都不愿意放在筋违御门上，这一定是遵从正月用的临时的"神棚"必须面向"吉方"的习俗。而且，"神棚"并不是一个很简单的装置。我所知道的东北老户，正堂的屋顶会有个橡树木做的可以回转自如的圆木棒垂下来，过年用的"神棚"就安装在这上面，面对年神到来的方位。但是，普通人家是没那么讲究的。大体是在一个适当的地方从房顶垂下绳子，吊上木板或者干净的劈开的木头，正对着吉向新设"神棚"，所以围挂白币①和注连绳，四周绑上青嫩的松枝，并将"饼"和每天的御膳供奉在棚的上面。平常的"神棚"正月是不用的。

---

　　①　祭祀时使用的用白纸做的纸垂。

二十　神之供养

　　对神的供养具体是由何时开始的，我们并不清楚，但谁都知道这不是我国自古以来固有的做法。农村到处都有更加朴素简单的、更接近自然的"年神"祭坛的设置方法。举几个例子，正月称为"休臼"，把臼翻过来，垫上新鲜的稻席，上面再放箕，里面放上饰品。也有为了这个用三个或者五个装饰好的新米的草袋，在内庭的正面或者顶梁柱的下部，或者在正堂常设的神龛下面堆放起来，这样祭祀年神的家有很多。

　　上面所提的两种供养神的情况，要用三层松枝或五层松枝制作门松。制作方法是：一般用刚采来的枝叶茂盛的大松枝，然后把白纸剪成的"御币"挂上，再摆上用木棍削制的削花。"立松"是正月祭的特征，各家在每个小屋的门口，有的在井口甚至厕所门口都装饰松枝。"立松"中最郑重其事的装饰是一对大松，放的地方也大体固定。奥州地区往北去，有称为"拜松"的，一般放在有正式炉灶的正室的一角，大多在一进大门就可看到的顶梁柱的周围，也有直接绑在柱子上的，还有放在"年神棚"、臼或者米袋的祭坛正前的。今天门松这个词已经很普及。和现在城市里将门松放在家门前不同，有的人会在家的大门口的柱子附近将其竖起来，以显得体面气派。

有关门松的由来，《世谚问答》①里有京都人的说明，暗示这个风俗是由乡下的武士带入都市的，而不是帝都原有的习俗，现在的宫廷并不重视这个环节。这个重要的现象是以文献为对象的学者们所容易忽视的。中部地区②农村现在明确传承下来的习俗，主要表现为正月的松饰之中，除了注连绳还有个垂下来的，信州等地叫"oyasu"，也有叫"yasunogoki"的东西——用新稻草制成的简易的草盘或者草壶，用作盛放供品的器皿。主祭的男人在除夕夜和新年头三天，以及六日和十四日的晚祭，必须端着祭品把松木的草盘慢慢举上去，这称为"御养"，由此可知"oyasu"的语源。这绝不是一个地方的奇风异俗，三重县的南部海岸、伊豆的岛屿都有类似的习

---

① 记述年节习俗的著作，作者一条冬良（1464—1514），室町后期的政治家、学者。

② 日本本州岛的中心地区，由9个县组成，北部包括福井、石川、富山，又称北陆地区，南部包括静冈、爱知、岐阜，又称东海地区。山梨、长野和新潟等县又被称为甲信越地区。

俗。距离东京不远的三多摩的各个地方，直至一百年前，都还有这些习俗。江户人的随笔中有"tsuboke"和"tsuboki"这样的说法。但是就是不知道这个习俗的缘由何在。这个不像是江户人使用过的，甲州①和信州等都有被称为"oyasu 果实"的，到五六月之前，这个地区都把冷冻的米粒干燥储存起来，炒熟食用。这不是用"饼"和白米饭做的贡品，而是把洗好的米用器皿装好，然后分别盛放到各自的祭器里。

---

① 在山梨县。

二十一 "盆"与正月的相似点

　　这个内容可能有点偏离主题，讨论新年的松饰的话，使用的这些松枝松木，农村现在一般都称为"迎申"。在"二战"之前，松木松枝不可能用船大量运输到大城市来，也因为可能受到浪费燃料之类的批评，所以使用松木松枝也不可能仅仅是一种兴趣爱好。本来"迎松"叫"迎正月"，"迎松"的日子是腊月十三日，现在看来是太早了一些，松枝要如何青翠欲滴地保存到正月十五日，我也不明白。最近"迎松"的日子一般是腊月二十八日，可能会推迟一天，但是不会延迟到年三十。这个习俗大多是因为年神是从山上降临到村里的，居住在河的下流的家也不能在比自己房屋低的地方"迎松"。在山上找到合适的松木，要奉上神酒，用新的草绳捆好，然后小心仔细地背回来，背的人还必须是年轻的主祭者。背回来的松木要横放在屋子里最干净的地方，意思是让其好好休养。也有的家庭这个时候就供奉神酒，然后把松木立起来，并且在立起来前要把松木下部适当的地方削尖，这被称为给"松树大人""洗脚"。

看了这么多的实例，我们不禁会拿它们和"盆棚"①以及"迎盆"②的各种习俗相比较，"盆"是佛事，迎年神则是清净第一的圣洁仪式。两者的一致必有关联，不可能是偶然发生的，特别是在历法没有公布、不识字的人有很多的农村，以前"盆"和新年要相隔半年，考虑到"迎盆"是在春天第一个月的满月的夜晚，会让人联想到"迎盆"和迎年神之间具有一定的关联性。当然，对这个结论我们还无法断言，但是仔细比较两者的习俗会发现，"盆"除了常设的"执佛龛"③，还要在这一天新设置祭坛。这一点和元旦类似。但是"盆"并不涉及吉向方位的问题，在水边、门口或者屋檐下都可以，选择地点的标准是神灵从外面容易找到的地方。有一个不同的是，"盆"除了松之外，不用其他的绿色植物。可以取代松的，有被称为"盆花"的，即上山采集各种应时的野花，然后装饰到祭坛上。时间上大部分村落是十一日，因为太早了盆花会凋谢。还有一个相似

---

① 也称作"精灵棚"，为了迎接先祖之灵而搭设的祭坛，做法和形式有地域差。

② "盆"祭的时候，迎接祖先之灵或其他亡灵而举行的仪式。

③ 安放平时祭拜的佛像或先祖牌位的祭坛。

点，便是数日之前要做"盆道"，也称"割盆草"，具体做法是把由山上自高处而下的小路清扫得干干净净。和年末屋内除尘的大扫除相对，农历七月七日有从水井提水清扫和整理工具等习俗。用木材烧炉灶的人家要在"盆"之前清扫灰尘，比这重要得多的是正月的迎春仪式和拜年。"盆"时有被称为"盆礼"和"盆义理"①的人际拜访。"卷"内的人们要郑重地互相打招呼，对本家更是要尽到礼数。可能有人会说"盆"祭时候这些都是理所当然的。相互打招呼之前，先要去"先祖棚"行礼，这个在那些恪守旧例的老人中间是常识。祭祀尚未成佛的亡灵以及刚刚过世的人，这种消解悲伤的仪式，到了近代尤其变得重要，因此，这些部分得到了更多的关注。其实十年、二十年间没有什么不幸，平平安安的家庭要多得多，观察这些家庭之间的互相往来，便可知正月和"盆"的习俗是何等类似。安详愉快的"盆"，人们互道平安时使用的互相祝福的祝词，和新年伊始的问候词是基本相同的。而新年的时候，对遭遇了不幸的家庭，也有相应的不同的应对方法。

---

① "盆"祭的时候，亲友们到当年有人过世的家里去吊唁的习俗。

二十二 "岁德神"的形象

更进一步比较下去，我原本想说一下已经成为年末礼仪的"敬神饭"。但先稍微仔细谈一下迎送"盆"神灵的仪式更合适。本节想说明的是，在新年到来时，到访我们的家的一个个神灵的性质现在变得复杂起来。有人认为这些是我国固有信仰系统之外的现象，这种异想天开的推论，事实上并无根据。本来相信并保持这些习惯的人们都是与学问或教育无缘的，并超越了阶层和地域。而且从这些零散的习俗和口头传承中，可以找到很多它们之间有关联的理由。我的观察尚且肤浅，说明也不够深入，但是相信只要这样探求下去，应该会理清楚的。首先我们需要杜绝一个观念，就是把日本独有的习惯，误认为是人类共有的现象，认为这是理所当然的。唯有这样，才能很自然地接受对事实持有正当的疑问，这无疑会成为人类了解自身的重要一步。

每当新年到来时商家多认为年神是财神，农家则多认为是田神，这是书本知识无法解释的，即便是误解，也该有其潜在的理由。一个猜测是，虔敬地祭祀此神，可让家安泰繁盛，特别是让"家督"的田地丰收，而且其灵验效果已经由各家实验证实。能够赐福数量繁多且保佑各有所求的家庭的神灵，除了先祖之灵，别无他者。人们对新近的亡故者情感深厚，超度祈福的仪式亦日趋复杂，由此把祖灵当作神灵来祭祀，就越发困难。这样发展的结果，源于研究古代神话历史的学者们搬出一些不知所以的神灵来，并为神灵分门别类，让其各司其职。放弃各自管辖的地盘，承认掌管全国的神的存在，这个观点和古代的各地神灵各司其职的观念是不相容的，也和近世的守护神信仰大相径庭。这说不定是佛教带来的新的观念。

对此，我们觉得一般人的想象是非常好的参考，可惜资料不足。"岁德神"这个名称，肯定和"吉方"的思想一道，来自以前被称为博士的阴阳师的说法。但是，阴阳师并没有规定"岁德神"应该是什么样子的。明治以后，贴在房间柱子上的年历，把原来外形穷困潦倒的"岁德神"画成了"弁才天女"①那样的美女，或者画

---

① 七福神之一，主管音乐艺术的女神，也写作弁财天。

成七福神①中的惠比须和大黑两尊神②的样子。这个也是由来已久的传统，农家里常常摆着木刻来祭祀，也有把田神画成惠比须神或者大黑神的。所谓"七福神"的组合有些过于奇特，但现在依然是正月最吸引人的话题和绘画题材，原因或许就在这里。

但是到了九州地区，在佐贺县的农村，岁德神就是福禄寿那个神仙老头儿的形象。因此给年神的供品，年轻女性是不能吃的，据说吃了就可能生出像福禄寿老头儿那样有着长长的秃头脑袋的孩子。这个未必是仅局限在小地方或者新的俗信。司马江汉的《西游日记》是写于150多年前的游记，里面也描写了肥前平户的岛屿上，家里挂的岁德神的像就是七福神里的长寿老人。也就是说，这里把年神想象成吉祥长寿的老人。

年末，孩子们聚集在一起高声唱"正月神到哪里去"，这个正月神感觉上就是老人，这一感觉可以从孩子们的歌词中大体推测出。这个也是还记着这种感觉的人的经历。地处边远的福岛县海岸地带，有一种传说，认为正月神正月十五乘着上升的烟雾，返回他

---

① 大黑天、惠比须、田比此沙门天、弁财天、福禄寿、寿老人、布袋和尚。
② 七福神中的神灵。惠比须是主管渔业、商业繁盛的神灵，大黑是福德之神。

界。晚上透过烟雾盯住西边看去，能够看到世阿弥①的谣曲《高砂》中描述的老翁老妪样子的白发老人，飘然而至。九州一直往南的地区，除夕夜有叫"年翁"的老人，给好孩子带来"糍粑"作为压岁礼，据说得不到的话就增不了岁。信也罢，不信也罢，很多家就像说舶来的圣诞老人一样说这个事，在下甑②的岛屿上比较古老的村落，还有这样的风俗，人们请"年翁"头上戴着笼子，半夜去敲门，给孩子们带来压岁的"糍粑"。如是，除了给家带来财富、让田地丰饶之外，过年都需要这个年神的力量。这个神灵的地位就更加清晰了。为了一家的利益，能做到如此地步的神灵，恐怕别无他有了。我们将他们的样子想象成老翁老妪，也在情理之中。"盆"的时候回到平安无事的家里的祖灵，在孩子们眼里就是爷爷奶奶般的存在。这个和后文所要讨论的信仰联系起来看，为了让孩子有亲近感，再也没有比这个更好的名称了。而我们的氏神，原来也是屡屡以老翁的面目出现在信仰者的想象中的。由此我推断，年神就是我们的先祖。

---

① "zeami"，世阿弥陀佛，日本室町时代初期的大和猿乐结崎座的猿乐师，其父亲观阿弥陀佛去世后，继承其"观世大夫"之号，现在的艺能的集大成者，留存下很多书籍。他们父子的古典艺能成"观世流"一派承继至今。
② 在九州的鹿儿岛一带。

二十三　先祖祭的观念

　　正月和"盆"这两个祭，在过去要相似得多，这个我觉得还有一些别的证据可以证明。而现在两者相距甚远的原因何在，我认为未必仅仅是佛教的教化。国民对神灵的看法随着时代的变迁慢慢发生变化，变得逐渐具体和专门化，也是原因之一。这一点必须承认。我们先从简单的开始讨论，先讨论先祖祭，然后再回到"盆"祭的话题。

　　对先祖的理解，因人而异。先祖祭的名称和用法也非常广泛，把不同理解放在一起看，也存在无法相容的部分。比如说，祭祀先祖的方法有不足之处，一般认为是佛事供养上有怠慢的地方，就会表现出比如家里有病人，或者有很多烦心事，或者每天做噩梦，有时候是自己有预感，也有时候是被人如是说，或者算卦的人有预言等。一般来说，亲兄弟这样的近亲关系人们是不会忘记的，如果连这个都会忘记，就太不像话了。而对远亲，人们则未必都会一直记得，时间久了，逐渐连祭日都会错过。如今也有不少人很在意自身的失误，或者受潜意识的左右而自责。然而，普普通通的人，持续七十年甚至一百年做法事，这不是佛教的做法，也不是日本古老的习惯，这应该是寺庙维持绝无仅有的檀家制度①之后的事情。以前高野高僧明遍僧正②，他的兄弟劝他为父亲做十三年的供养，他坚决拒绝，理由是人死以后五年也罢、七年也罢，还在六道中轮回而不得正果，这种观念是违背佛的本意的。在他们的信仰中，死者应该早已经去西方极乐世界往生了。"盆"也是如此，一方面相信自己生前念佛供养做功德，应该可以去西方极乐世界，另一方面又每年回到这个世界，有不念经升不了天的感觉，似乎是缺乏自信的表现。我们日本人并非完全没有意识到这个矛盾，实际这是很久以前我们的独特的观念还未消失，还相信先祖每年固定的时间会回来的遗存。这个观念应该和佛教无关。

我在这本书里想强调的一点是，日本人有关死后的观念，即灵

---

① 特定的寺院与特定的家之间丧葬祭祀与布施的关系永久固定化的制度。最早始于江户幕府宗教管理制度，也带有户籍制度的特征。

② 明遍僧正(1142—1224)，平安后期至镰仓时代的僧人，正确的名字应为僧都。

魂永远会留在这个国土上，不会远去。这个信仰恐怕是最早开始，一直到现在都根深蒂固地存在着的。这个和任何外来宗教的教理都存有显而易见的不同。这点极为重要。用什么样的巧妙的说法把两种对立的观念放在一起，判断哪个观点正确这样的论争一直未发生，两种对立的观念只是暧昧地共存着。如果这样放置下去，对我们是非常不利的。因为对方有文笔出色的善言者，写下东西给人看，说这是古时候的常识。本来这个也用不着提出什么证据，而且在这样不利的状态下，有关死后的观念在今天还在流传，说明它还在国民的生活状态中发挥潜在的作用，这个力量之大，足以创造现在的历史面貌。先祖永在乡土，这个观念是通过念经和念佛表现出来的，是否去远方的佛国净土，先祖祭祀的目的和方式肯定是不一样的。其中的差别的确可以看到，但是，自古传下来的做法，在正月和"盆"以及别的一些习俗中，被无意识地保存下来了。

二十四 "先祖祭"的时间

"先祖祭"这个词现在很常用,因为它是以老户为中心的"卷"内部的年节礼仪,以及正月和"盆"之外最频繁使用的礼仪。这个也是各家通过纪念共同的远祖,来强化相互的连带的一种意志表现。事实上,"先祖祭"一般被认为是先祖一个人的遗愿,而将这个行为持续下去的动力从何而来,今天的佛教信徒们是无法回答,或无法解决的。此处有两个问题,这也是我们新的着眼点,分析如下:

第一是"先祖祭"举行的时间,第二是"先祖祭"举行的方式。众所周知,法事或者年祭这样的佛教祭祀,是非常个人化的。首先,如果不知道逝者死亡的日期,就很难举行法事。其次,一般情况下,人们不会在意五年或三年的误差,会把过去的年祭合在一起,举行一次盛大的仪式。但日子以哪个人的忌辰为准,也是常常让人头疼的事情。这对延续将近二十代的老户,也是难题。当然,寺庙会有详尽的亡故者的忌辰记录，每年的活动也都留有记载；在家里"先祖棚"上也有这个家的忌日表。有的家会在正日子的早上，把这个表打开，出声唱念"今天的佛"的戒名，敲响钲。这个相对简单，容易操作，而且不需要一家一门共同行动。主妇的作用就是记住这些重要的日子，这天早上小心仔细地上供。过去还有净身吃斋的习惯，这个习俗主要是供奉这个家的中兴之祖，或者对这个家做出重大贡献的老人家的时候才实行。其他的终究逐渐被忘却，够不上先祖祭的那些人突然受到这种对待，想来也是令人同情的。也就是说，门户一老，需要祭祀的祖灵就越来越多，慢慢就无法照顾周全了。

门户长久延续，先祖的灵越来越多，结果可能慢慢就会对这种祭祀方式有所怠情，甚至天长日久，祭祀的间隔渐长，人们最终想不起来每年忌日祭祀的方式。这些不是来自佛教的经典教诲，而是佛教进入日本以后，融合了当地的习俗，然后折中形成的新习惯。但是很遗憾，这是一个改坏了的例子。我们一直思慕先祖，子孙们每年集合在一起生活一段时间，这种良风美俗最终被改变。结果祭祀的中心转向了纪念少数个人，忽略了其他更多的内容。像"八幡太郎"①、"镰仓五

---

① 源义家，平安时代后期的武将。

郎"①这样历史上的杰出人物，做我们共同的先祖也大无不可，但是我们大多数先祖，都是无名之辈，而且大概隔了一代，便会用同样的名字，连自家人都会搞错。如此一来，人们也就自然偏向记住自己的父母、祖父母这样有直接关系的人，对先祖的感情逐渐淡漠，"盆"的祭祀变成了法事的附属，成了最近有人过世的家庭表达哀痛之情的仪式。我还无法完全接受这样的变化。至少以前是不同的，如果以前也和现在一样的话，家不可能这样延续下来，而且也不会有为了家业永续而这么努力的人们。我认为明确这一点非常重要。

---

① 镰仓景正，通称权五郎，平安时代后期的武将。

二十五　先祖正月

　　在家里将先祖的每个人的灵魂，持续几十年地按照各自的忌辰来祭祀，虽然郑重有礼，但是实行起来是不可能的。门户绵延日久，一族过世的人自然越来越多，这样在世时间比较短的主人就慢慢被忽略了。还有没有子嗣、还没分家就去世的兄弟，即使是为国为家尽心尽力，最终也只有变成"无缘佛"①的命运。这实在让人感慨不已。

　　幸好以前的日本人对先祖的态度是没有差别的，人过世以后，或者过世过了一定的年限，就融入一个"御先祖"，或称为"mitama"②的尊贵灵体之中。要问这个是神灵，还是带有人格特

---

①　无人供养的魂灵。
②　祖灵。

征，今天的人很难解释清楚，其中当然还有不少需要讨论的地方，但是过去这样的事实古已有之，可以说是不争的事实。首先，"卷"的本家，也就是一门的中心主持的每年的先祖祭祀，在这里就是问祭祀的人先祖是谁，很多当事人自己也说不清。

而这个共同的先祖祭的祭日，确定在那一天举行，是需要仔细考究的。古时把春分和秋分这两天称为"时正"，这两天的前后七天之间，大家到本家的墓地祭扫，这个风俗应该是以历法知识的普及为前提的，也许是自中国传来的。总之，把这个时间作为祭祖的日子，和佛经毫无关系。从季节上看也罢，从农耕的关系看也罢，应该是最适于祭祀的时间。而且，朝廷也承认这个民间习俗，把它列入国家的祭日，对我们来说是非常受鼓舞的事。现在，为了区别于佛教，把这个时间作为先祖返家的时间的，就我所知，只有在秋田县北部的农村一带。这个地方在春天的"彼岸日"①，和"盆"一样要点燃对先祖的迎送之火，有不少痕迹证明本来在日本把这两天当作重要的日子的地域更为广大。把春分和秋分确定为祭日，可能是根据后来的历法知识，但是大概这个季节被作为先祖祭的时间是自古就有的。

---

① 春分前后的七天。

更进一步讨论的话，还应该把如今的正月前后，举行先祖祭的各地的实例放在一起考察。其中有一个比较奇特的例子，在鹿儿岛县南部的海域，分布着今天被称为"十岛村"（原来叫"七岛""道之岛"）的岛群。这个七岛的正月习俗，不知为什么，正月比内地要早一个月，差不多在阳历新年前后举行大祭，称为七岛正月，人们都觉得不可思议。七岛的各个小岛彼此有些细小的差别，宝岛①上旧历十一月二十八日至十二月六日，要过特别的新年。祭祀的高潮是十二月的朔日，这天早上，同村的所有子孙都集合起来祭神，然后举行酒宴，由此可知，这显然就是先祖祭。同月的六日午后，正好是六日的月亮升起的时间，先祖回到海的另一端。这个和我们的"盆"相比，先祖在家的时间稍长一些，但是送先祖等的做法非常相似。还有个类似之处就是，通常这个不叫"先祖祭"，而叫"亲玉祭"。

---

① 吐噶喇列岛南部的火山岛。

二十六 "亲神"之社

"亲玉"①这个说法，今天很少用，听起来会觉得很奇妙，"亲"这个词有"远亲"这样的古老用法，今天也广义地把自己的尊上称为亲，即不仅限于亲生父母。先祖这个词在汉语传入之前，好像也是用"oya"②，或者"oyaoya"来称呼的。另一方面，"盆"的祭祀，仅仅是省略而不这么称呼，实际也是一种"oyaoya"祭祀。也有不少地方把家的氏神称为"亲神"，像佐渡的岛屿内海府地区，把正月六日晚上称为"亲神"的年夜，而在正月六日过年的理由，我们并不清楚。第二天早上是中国所谓的"人日"，七日要煮七草粥上供，六日晚上为年夜这个不知由来的习俗，普及全国。据《御汤殿

---

① 祖灵。

② 日语中"亲"的发音是"oya"。

上日记》①的记载，宫中也从五百年前开始，除了立春日之外，还有三个过年的时间，分别是除夕夜、十五日和这个六日的夕祭。十五日的由来大体明了，而正月六日行年礼，恐怕就是遵守的人也说不清楚是由何而来的。也许是元旦变成新年之后，六日变成了祭祀年神的日子也未可知。也有一种可能是像七岛的正月那样，本来这一天是被当作神返回他界的日子。这个可以当作今后研究的一个目标。

总之，若把一月第一个新月那一天当作一月第一天的历法没有普及的话，七岛正月是不可能出现的。如果以月的盈亏来计算一个月的长度，并预先计划祭祀和其他重要的活动的社会，三十日和一日都是最不醒目的日子，所以不大会把这两个日子确定为节庆的日子。所以七岛正月应该是一个顺应新的文化改良的结果。明治以后经历了改用太阳历的历史，可知改历法可以易人心。而且历法也有统一之必要，所以一些公事活动，都集中到元月一日举行。"先祖祭"并非是带有污秽的行为，但是毕竟是一家一门的私事，而且有很多具体细微处需要注意，所以和公共仪式放在同一天举行是有难

---

① 宫廷御汤殿奉职女官的日记。现存文明九年（1477）到文政九年（1826）这一部分。

度的，多少给人有些守旧的感觉。所以自然产生了把正月分成两个的倾向。这个正好和最近新旧历法的过渡期需要七十年是一样的。七岛各家的先祖祭，会特意错开公历的时间，因为气候温暖，也就提前一个月举行。最近听说大分县的鹤见岐半岛的一个叫落浦的地方，"先祖祭"是在二月一日。这个是从什么时候开始的，是可以调查清楚的，而且附近也应该有类似的例子。即使不同地方在时间上略有前后差异，但是也应该是为了避开公共仪式的正月，有意识地错开一个月的。《民间传承》（第9卷，第4号）曾有详尽的报告。报告中介绍了七个老户共同传承的比较复杂的仪式。最初先围绕七个老户的墓地转一圈，然后集中到村落的氏神社里一起喝酒。这个完全是在"盆"和正月之间发生的事情。墓地并不被认为是埋人的污秽之地，很多"先祖祭"就是以这样的方式举行的。

二十七　佛之正月

近畿一带的乡村地区，原来很多人把正月初六叫作"神跨年"。这个"神跨年"的神就是年神，也是各家的先祖。我的这个观点或许有很多人不同意。但是，还有一个跨年的时间，是正月十五日夜，有些地方也叫"神跨年"，或者叫"佛跨年"。这样想来，我的观点也还是可以站得住脚的。我的家乡把正月十五叫作"神正月"，把十六日叫作"佛正月"，因此正月十六前夜就叫佛年除夕。这样的叫法在关西地区是很常见的。具体做法是向"先祖棚"供奉杂煮，去墓地做新年祭扫。以前民间的新年，也就是旧历十五满月的昼夜，仍有很多痕迹留存至今。具体的做法有两类，比如奥羽①地区一般把十四日晚上到十五日早上这一夜称为除夕，昨天和今天两天的交替以

---

① 东北地区。

日落为界。从这个古老的习俗来看，这个不算是精确的以十五日为时点的正月，倒不如说一年的第一天是十五日的晚上到十六日晚上。这样，十六日一天在现在很多地方也都是先祖祭的日子。东北地区也有把十四当作除夕的，说不定分开也是有意识地把正月和先祖祭的日子刻意区分而提前一昼夜。这种可能性的存在，可以通过下一章的内容推理出来。也就是所谓"御灵饭"的习俗是经过多次调整的。

综上所述，正月十六被当作祭祀先祖的日子的例子，是非常多的，南方的七岛再往南，到奄美群岛的德之岛，先祖正月的日子也是这一天，人们聚到先祖的墓地一起饮酒。九州各地如何，我尚不知晓。四国的德岛和爱媛两县，据说这一年间有人去世的人家，是在十二月的最后的巳日和午日到墓前祭扫，而正月是不能接近墓地的；平安无事的家门，则还是在正月十六日按照"佛正月"扫墓。这个习俗和中国①一带大体相同。其中也有的地方是十一日向"先祖棚"供奉新年烤"糍粑"和杂煮，这个也是所谓的"佛正月"。

越后②的东蒲原郡，把正月十六日称为"后生始"。的确，祭祀

---

① 日本的"中国地方"，指日本本州岛西部的一个地区，包括鸟取、岛根、冈山、广岛、山口五县。

② 在新潟县一带。

先祖也可以算是祈祷来世永生之意，但是家门永续、子孙长生、慎终追远，绝对是吉庆有余之事。正月十五日之前则尽可能避免此事，敲钟开口念佛一定要到十六日之后才能举行，这是因为这个仪式来自佛教。这和有人新近去世所举行的葬礼的做法是非常相近的，所以，特别是过世的人的灵，没有任何理由的话，被称为佛是不吉利的。即便不举行神道葬礼的人家，死者被称为佛，自古以来也是不合适的。日本的观念中，即便是肉体腐朽，踪迹全无，也会和这个世界保有缘分，每年固定的时间会返回子孙的家，看看子孙。佛教则认为故人最后升天成佛，不应再回到这个世界，故而要将亡灵送往遥远的彼方。这和日本民族的情感截然相反。对此无论用什么词语表述，其宗旨都不能说是贯穿如一的。

二十八　御斋日

在东京还叫江户时，盂兰盆和正月十六日就一般被称为"御斋日"，这一天也是地狱的盖子打开的日子，人们还保留了去寺院敬拜阎罗王的习惯。京都、大阪之外的大都市也有同样名称的习俗，可惜这个词起源非常古老，真正理解它的人并不多。斋日这个汉语词原来对应的日语是"toki 之日"。大概这个"toki"，就是和"节"差不多同义的"时"。事实上，一年中最重要的时间，也就是应该举行祭祀的时间，所以在这里使用"斋"这个字非常妥当。斋并没有忌讳和污秽的意味，也就是说这一天节庆的膳食，人们是用了最大的心思调制的。"时"这个词并没有上述仔细用心的意义，不过偶然选用的"斋"这个字，倒使我们对古人的感觉大体有所了解。但是我们还是不知道原来指称供给僧人的斋饭，何时开始变成了"时"饭，然后又变成葬仪和法事时候的餐食的名字，形成了"otoki"这个标准叫法。这样的话，一般的农历节日，特别是喜庆的祭日使用的饭食，当然就会忌讳使用这个词。不过在农村，一年中重要的日子时，也有不少人还使用"时日"，或者"时节"，比如正月十六日先祖祭等，就是最主要的"时日"之一。

如今在中国地区①，"三时""五节供"的说法还很普及。"三时"就是正月、五月、九月的三个十六日，其中特别受到重视的是插秧期的农历五月十六日，这一天人们不下田，也不使用马，整整一天守在家里供奉神灵。这天要特别蒸白米饭，敬神之后大家分而食之。本来这个习俗是每个月的十六日，也就是满月的第二天早上进行，大家的祭祀活动大致相同。现在，每个月的这一天去扫墓的习俗，在埼玉县的一些地方还保留着。正月、五月、九月每隔四个月做一次正式隆重的祭祀，也不是什么新的习俗。不仅在中国地区，从东北到越后的广大区域，都把正月十六日当作"时"日，有的地方在祭祀前一天断食，也有的地方在祭祀当天食用一种叫"固时"的特别的食物。六月十六日又被称为"嘉定"②，或者"katsuu"③，

---

① 日本的"中国地区"，指日本本州岛西部的一个地区，包括鸟取、岛根、冈山、广岛、山口五县。

② 据说名称源于中国的年号"嘉祥"或货币"嘉定通宝"，阴历六月十六日为了驱除疫病邪气，人们将16个"饼"或点心供奉给神灵，然后分食。

③ 汉字写作"嘉通"，和"胜"同音，取其吉祥之意。

自室町时代①始，在京都已经是一个节日，其来历可以说完全不明。这个节日的仪式也是以饮食为中心的，所以也可以说是古时传下来的"时"日之一。九月十六日恐怕和水稻的收获有关，与五月的插秧时节相对，这一天被视为"三时"之一，是否有相关的口头传承我不清楚，但是有个常见的例子，伊势两宫有"御斋"或"御斋日"的传统，外宫是九月十六日，九月十七日则是内宫的"御斋日"。这个毋庸置疑是重要的例证，但是具体是怎么回事，民间并没有说明，只是在四周的乡村和海滨地带有相关的信仰和口头传承，还有各地的神明社②，也有个别以九月十六日作为祭日的。

关东北部到会津③一带的山区，也有把七月十六日作为"时"祭的。正月和七月的十六日，人们都会以同样郑重严格的忌讳来制作敬神的"饼"，在固定的住处隔离一夜净心修身，并称此为"拜天道"，也就是祭拜"天照大神"④。但是这是神道仪式，和佛教全无关系。江户的所谓"御斋日"大多雷同，一年两次，相隔六个月，年年循环往复地举行这个神祭。所以原来称之为"时之日"。"盆"在

---

① 足利氏明德三年(1392)至天正元年(1573)在京都室町幕府统治日本的时期。

② 以伊势神宫为宗的各地的神社。

③ 在东北的福岛县。

④ 太阳神，日本皇室尊奉的主神，供奉在伊势神宫。

送神灵之后还有后续，容易被人看作是近似葬礼的事情，但是这些痕迹如今一点儿也看不出来了。相反，"盆"成了在外工作的年轻人回家和亲人团聚，也就是和健在的父母相会聚餐的日子。盂兰盆本来就是明朗快乐的"时"，这一点可以从在"盆"时给健在的父母奉礼敬食这个古老习俗中看出来。

二十九　四月的先祖祭

　　正月与"盆"，和春秋的彼岸①一样，自古以来就是一年两度的时祭，双方的仪式和旨趣并无不同。但是，我的这个观点要得到公认，还必须做如下说明。我国国民的生活方式和思维方式，在漫长的历史长河中不断发生着细微的变化，但是古老习俗的留存依然在某些地区可以观察到。将这些事实收集比较，可以将我们已经忘却的变化之前的状态再现出来。找到恰到好处的材料并不容易，但是，我最近偶然知晓一个新的事实，除了前面列举的各种例子，还有不同的先祖祭的日子。真心感谢资料的提供者。

　　越后村上的一个叫百武的"卷"，每年四月十五日和九月二十三日举行两次先祖祭。祭祀场所设在当地的镇守羽黑神社的社殿，

---

　　①　春分日、秋分日的前后各七日。

"卷"中的户主们都集中到这里，在祭祀共同的先祖之外，也一起祭祀各门户自己的先祖。现在有两个担任轮值，称为"神乐番"（kagu-raban），每次轮流负责操办此事。这个做法说明这里和别的一门的祭祀一样，已经没有公认能充当祭主的门户。集中到一起的同姓的人们，有很多平时并无来往，说明这个卷是比较大的。这里的先祖祭又称"shinto①祭"，"shinto"这个叫法说明这个祭祀和佛教无关，属于神道祭，因此不是古已有之的名称，祭祀的时间也很可能是新近确定的。那么根据什么决定的这个时间，或者这个地方是否还有很多在四月和九月祭祀先祖的先例。如果有的话，应该对这些祭祀逐个做详细的调查。

前面提到过，一族的先祖并非三五个人，如果无法确定以哪位先祖的忌辰作为先祖祭的日子的话，就有选择别的适当日子的必要。而选择四月十五日，应该是有相应的动机的。如果仅仅是一两个地方选择这个时间，或许可以解释为偶然，但是，同样的例子在信州有很多。信州东筑摩郡教育会提供相关报告的时候，提到郡内各村的"祝殿"，说的就是四月十五日或者前后一周内，从四月八日到二十二日举行祭祀，这样的地区非常多。"祝殿"是这个地方以及

---

① 和日语"神道"的发音"shintou"接近。

从伊那诹访到甲州西部，在卷内祭祀的共同的小规模的神社，和东北及九州南部的一家的氏神相当。我想有可能是有人看到别人将这个神灵称为"祝神"，就认为这是把先祖的灵当作神来供奉，于是起了这个名字。这个神灵每年一次在四月十五日前后被祭祀，和下越后①地区的例子是一致的。我的设想可能有些过头，在日本，年与稻作的关系特别深，以前国家统一的历书没有普及到偏僻乡村的时候，民间是以初夏的满月的那一天作为一年之始的。由此新年祭祖的古老习俗，和公历的正月分离，并保存至今。后面会专门讨论的卯月八日登山迎接亡故者亡灵的习俗，也多少支持了我们的这个设想。

---

① 新潟县一带。

三十　田神与山神

在过去，土地曾经是家门成立的唯一基础。田地就是"家督"，是家门存续的必要条件。人们通常根据田地的开发和继承来计算家的世代，而不一定去追究血缘的源头，这个古时候也不例外。今天认为田地的传承和血缘两者不可分割的农民有很多。先祖对后代的关心，可以说都倾注在土地里。而必须考虑的是，在几种农作物中，稻具有特别重要的价值，是向君主和神灵供奉的时候必不可少的，具有重要的精神层面的意义。而稻米的生产，除了人力以外，水和日光的因素也非常重要。因此，有很多人自然而然地认为，为了家的延续而留给子孙田地的人们，化作祖灵，依然关心水与阳光的状态，并且尽全力保佑子孙取得好收成。尽管它完全是本土的信仰，但是却被近世的神道研究完全排除，我觉得这个一直被忽视的田神，或者说是农神、农作之神的各家的神灵，或许就是和正月的年神一同受到祭祀的人们的先祖的灵。

我的推测是否符合事实，终究会得到验证，目前有人存疑也无妨。不过和这个问题有关的一些事实，却不能视而不见。比如很久以前，我们关注的一件事，就是春天山神降临到村里成为田神，到了秋天就返回山上成为山神，这样的口头传承听起来像是无稽之谈，但是日本从南到北，这个说法几乎无处不有，但是关注这个不争的事实的人却不多。学者们说我们的山神是"大山祇"①，还有"木花开耶姬神"②等。拜这些神的往往是猎人和樵夫，在海上航行的行船者又有不同的信仰。共同崇拜一个山神的，大体是新的神社，而且也是基于不同的信仰。农民的山神一年中只有四分之一的时间在山上停息，其他四分之三的时间都为了保佑丰收而在田间地头守护着，只有冬天才在山上留守。

因此，有些地方是说山神回家，有的则说是从高空降临到家中，也有人相信山神只回来一天，接受了祭拜之后就腾飞而去。总之一年两次，春来冬还，来去日子确定，这一点是相同的。有很多山村称此为山神祭，或者"山讲"③之日，来去的日子都是一样的。

---

① 日本神话中的神。
② 大山祇的女儿。
③ 以山神为信仰对象的集团。

现在有很多不同的日子，比如旧历二月和十一月七日、九日、十二日等，东北地区相当广大的范围内，还是以"时之日"的十六日当作农神，或者农作之神升降来去之日。但是，冬天一般是十月，有些村落春天是旧历二月的十六日或三月。这一天，家家户户天未亮就起来制作敬神的放入木天蓼叶的"饼"，田神听到捣"饼"的声音就降临，然后再升空。因此，有不少家庭认为即使没有米放进去，也要空捣石臼。这个"饼"是捣来敬神的，因此，仅仅从这点就可以知道，这是源自春祭的说法。此外，送归田神的祭祀方法，各地有所不同。我们先祖之灵，放着极乐世界不去，只要子孙年年的祭祀不断绝，就一直在家乡土地的最闲寂的地方静游，定时回到故乡的家里。这种观念的成因，大体是因为和初秋稻花渐放的季节相比，春天要准备插秧的各项工作，这些工作做得如何，关系一年的收成，因此这时候是人们最不安的时候，所以特别希望神灵能够降临保佑。这也是在新的历法普及之前，只有农村尽可能地保留新年的先祖祭祀的一个原因吧。"盆"成为佛教的仪式之前，农村还保留了年底祭神的习俗。今天，上述的痕迹还是保留得非常清楚的。

三十一　年末的祭灵仪式

本来祭灵是新年的仪式，但是很早就变成年末的活动。这个变化并非很晚近的事，请看著名的《徒然草》①中的一节。"除夕之夜晚愈加昏暗……亡者归来之夜、当下古都已无祭魂之礼法，而东国却古风犹存，实可哀矣。"这里说的是在除夕夜举行祭祀的事情。实际上，关东地区现在也有不少地方在年末到正月十五举行祭祀。只是京都在兼好②时代就已经没有了这个习俗。再往前推三百多年前的话又如何呢？请看下面的作品。

---

① 镰仓末期的随笔，吉田兼好著，上下 2 卷，文保元年（1317）至元弘元年（1331）成书，内容包括作者的见闻录、感想、实用知识等。

② 镰仓末期、南北朝时代的作家。《徒然草》的作者，生卒年不详。

和泉式部①：亡人回归夜，奈何君不在。

　　曾根好忠②：祭灵在岁之暮。

　　由此可知，早自那个时代开始，迎魂仪式就已经在年前，而且是在除夕夜完成，这和第二天元旦一早举行的庆祝仪式是明确分开的。风俗的变化也如同大多数人想象的那样，并非是近世以后才有的现象。

　　另一方面，古老的仪式也出人意料地被留存下来，比如距今一百二三十年前，《越后长冈领风俗问状答》③中就有报告说，有的村子神灵是在十二月除夕的午时降临，而在正月初一的卯时返回。逗留时间虽不能说长（卯时相当于现在的凌晨六点多），但正好是家家户户饮屠苏酒供杂煮的时刻，也就是说，祭神仪式是新春活动的一部分。为什么要在卯时举行，我们还无从知晓，但是相关的另一个例子是，同样在越后地区，还有信州、东京附近的农村，都有这样的口头传说，即正月神是在正月最初的卯日返回的。卯日如果早

----

①　平安中期的女歌人，作品有《和泉式部日记》《和泉式部集》，生卒年不详。
②　平安中期男性歌人，生卒年不详。此处有误，应为曾祢。
③　针对江户幕府官员屋代弘贤主持的各地风俗调查问卷《诸国风俗问状》，长冈藩的官员秋山朋信总结的当地的调查报告。

到，神灵可以少吃这几天的米饭，然后离开，这一年供奉的人家就会丰衣足食；如果元旦是辰日，卯日是十二日的话，神要吃十二天饭，这年就会闹饥荒。希望年神逗留的时间短，这一点令人意外。我的观点是，这表明先祖祭慢慢开始从正月整体的仪式活动中分离出来，也就是说，这也可以算年神本来是祖灵的一个证据吧。前面我们提过七岛正月的例子，把两者综合起来看，最早的情形应该是正月六日为止，大概有长达七天的节庆活动，后来有了初卯之说，开始出现每年时间长短不同的情况。最近的使用太阳历的经验也表明，新历法只是做原则上的规定，对旧有的习惯该如何适应变化，并不做硬性规定，是允许各地根据自身情况做出调整的。或者改月份，或者调日子，或者觉得调整困难，便接受原来同一个仪式的做法，慢慢地，各地的仪式开始发生变异，因此，国民固有的感觉日益稀薄，我认为忘了祭灵就是先祖祭这个事实的原因，正在于此。

三十二　先祖祭与水

　　和"盆"的"魂祭"仪式的繁复多样相比，年末到新年之间，同样的活动，简单得却有点让人吃惊。这么大的差异因何而起？当然有人会说因为"盆"是后来传入的，但我认为更重要的原因是，自古而来的祭灵的一部分仪式，有很多被融进一般的新年活动中。这样的证据相当多。首先举一个容易被人忽视的例子，扫墓的时候，浇水清洗墓碑，在"盆"的时候向祖灵供奉饮料，这些做法在佛教的起源地看来，都是很不可思议的事情。但可以说这是日本民族的一个特色，有人甚至说这些在佛教经典中找不到任何依据。在我国的祭灵仪式上，米和水是不可或缺的供品。现在的习俗称之为茶汤，把炉子搬到院子里，烧水泡茶，一天换几十次，还有的做法是在灵前放置一个大的水盆，保证供品上一直有新鲜的井水浇上去。有人解释说这是因为"盆"祭的魂灵们异常口渴的缘故，但是难以解释的部分是，祭品还有称为"水米""水实"，或者叫"水子"的，即在水里放入洗好的大米，或者米粉，还有雕刻好的茄子和瓜类等。这些都是非常常见的普通之物，可见是被作为祭祀魂灵的食物。东北地区的"盆"，在十四日或十五日举行墓前祭的，也都有把米粉用水冲开，然后将这雪白的汤水浇到墓碑上的做法。把这个叫作"araneko"，大概来自淘米的"淘"(arai)这个动词，"arare"反而是因误解所致的讹变。将"饼"切成小块儿后，炒成所谓"霰饼"，也和这个有相似之处。

我确信，将远古的先祖和故土连接起来的最好的媒介就是水和米，而且带有亲密的联结感。米本来就是创立门户不可或缺的物品，我们日本人拥有敏锐的味觉，连水的味道都能够加以细微地区分，故出门在外时，我们常对水的味道非常在意。因此，在先祖祭的时候供奉的饮品，是人从出生那一天起就天天离不开的水，这于先祖而言，是极高的款待。这样看来，年末的祭灵仪式，水也应该是不可或缺的，但是为何年末的祭灵没有水呢？我知道的例子是，在陆中东北后的一个偏僻的叫作安家的村子，祭祀所用的主要供品是叫作"御灵饭"的米饭。由祝祭的男子在元旦未明的时候取来"若水"①，

---

① 元旦这天取来，用来制作年神的供品和年饭的水。

用这个水煮饭上供。而别的地方，大多是除夕前半夜就已经完成祭祀，且没有取若水的习惯。而为什么元旦未明之时被取叫若水，这是没有明确的说明的。我的意见是，年神的祭祀是元旦早上开始的，这样误解的人多了之后，就产生了将年神祭祀和祖灵祭祀分开的想法，有这种想法的人就把若水当作一个区别的界限。但是，实际上，年神到来得更早，至少在除夕的年夜饭的时候便开始祭祀神灵的家，如今也不在少数。因此，取若水的仪式，如果是古已有之的话，一定和迎松一样，是在祭灵之前举行的。

三十三 "御灵饭"①

　　整体来看，将年末的"魂祭"从其他一般的正月活动中分离出来，这样的意图是非常明显的。这个意图是新的尝试，比如陆中安家地区这样比较封闭的地方，还会把"魂祭"和年神祭混同。区别两者的标志，是供品，供奉年神用的是"饼"，而供奉御灵用的是白米饭。这个似乎是一般的做法。但是东北也有几个例外的地方，特别是安家这个地方，是把"御灵饭"移到斗上，放在箕里面，最后放在石臼上。箕的开口处面向神降临的方向。向这个方向祭拜，是因为这是年神通往祭坛的通道。中部长野北部等地区，是用叫作"御灵盆"的容器盛放"御灵饭"，并把其放到"年棚"上，向年神上供，很多家把饭放到"年棚"的两端。越后地区也有放在壁龛上的老户。

---

　　①　供奉给先祖灵的食物。

但是从数量来看，现在最多的是把"御灵饭"供奉到佛龛中，这个是无论如何也无法将祭灵看成是正月仪式的最明显的理由。另外，如前文所述，也有古老的习俗被保留下来的例子。今天最普通、最常见的，就是除夕夜庆祝新年仪式结束后，另外做白米饭当作"御灵饭"。也有少数地方在庆祝新年、动筷子吃年夜饭之前，用没有碰荤腥的手来制作饭团。捏饭团做供是东北六县的做法。信州一般是把白米饭放到铺好的纸上，或者放在木盆里盛得高高的。江户附近八王子一带到甲州，原来是用盆或者高碗盛饭上供的，这些可以在《立路随笔》①中看到。如今这个做法可能已经消失了。不管怎么说，这个将"御灵饭"供奉给先祖，放在佛龛里把门关上，并且在正月的头三天都不打开的习俗，在各地大体是一样的。

　　如是，把祭祀提前或者推后到正月以外的平常日子，似乎也合乎常理。但是，实际上，这也是新年活动的一部分，我们可以通过对供品的处置方法，而大致有所了解。把祭祀提前的地方，按惯例在正月四日就把"御灵饭"从佛龛上撤下来，然后把饭放到这天早上正式餐食的杂煮中，供人食用。青森县和岩手县的东部地区，则放

---

① 该书成书于1809年，作者是汉学者林确轩（1687—1743），通称百助。

到七日，然后在七日这一天，掺到小豆粥里面；鹿角①地区是掺到七草粥里面，最后放到用稻草编制的容器中储藏起来。家里有人闹肚子时，就拿出来煮粥给病人喝。青森县西部的农村现在还有一些家庭把"御灵饭"当作小正月，也就是十五日晚的仪式举行。具体做法就是仅仅供奉一夜，第二天(十六日)把饭放入早上的粥里面，这个粥和我们的十五日粥一样，是献给神灵的初穗，是最清洁的食物。

---

① 在秋田县一带。

三十四　筷箸与饭团形状

对于每天以米饭为主食的人们来说，是不会在意筷箸和饭团的形状的。实际上，今天在每天不以米饭为主食的地方，主要于除夕夜举行"御灵祭"时，一定要用米献祭，并称之为"御灵饭"，这个令人印象非常深刻。除此之外，虽然有很多实例，但是全国一致的情况很少，特别是在细微之处，差别还是很大的。把这些例子放在一起来看，无论是谁都会承认，这个祭祀仪式是从中世以后慢慢变化而来的。要知道这些差异的具体状况，需要做非常细微的观察和分析。首先，我们从两个方面来考察，一方面，当作"御灵饭"的米饭，被盛放在饭碗或者托盘里；另一方面，是被做成饭团。这两种做法在前面也提到过。具体做法比如个数和形状等，各家都有不同。此外，还有少数地方是把饭分成小份，用竹叶包起来，形状有些像五月端午节用的"卷饼"和插秧日的厚朴叶饭，我认为这一点也值得注意。更进一步的讨论将牵扯到复杂的问题，因此放在后边方便的地方再谈，与其他地方相同之处在于，"御灵饭"上面插着筷子。

食物上插筷子，通常是令人不快的事情，特别是插一根筷子，这是给亡者送枕饭①的做法。孩子如果不知道这个习惯，在饭上插了筷子，是会被大人严厉训斥的。而所谓年末的祭灵仪式，要特别把筷子折断插在饭上，或者插在每个饭团上。这个习俗在日本分布非常广。它是从何时开始的，是否最初就是这样的做法，学者可能持有不同的见解。该做法的具体细节，人们也是既无法解释，也没有想过理由。通常人们说饭团十二个，如果当年有闰月，则做十三个，每个上面都插上筷子。因为十二这个数字，人们很容易认为是一年有十二个月的缘故，所以闰年就变成十三个。同样的例子还有正月的"幸木"也是十二节，或者用称为新木的十二块木片，也有的地方为了迷惑恶鬼，在平时的年份也特意写十三月。为什么每年明明白白的月数，要这样表示，理由尚不清楚。至少御灵祭用的饭团的数量，不同的家有五个、六个、九个、十四个不等，并不都是十二个。在饭碗上插筷子的数量也不一样，有的地方是家庭成员有几

---

① 放在死者枕边的、盛得高出碗边很多的饭，上面直直地插着筷子。

个就插几个。

　　我的理解是，把米饭盛得满满高高的意义在于，要向祭祀的对象表明："供品"是给您独享的，而不是和人共享的。这一点和把"镜饼"①放在神灵或者人面前一样。或者那个饭高高的尖部，象征人的精神所在之处，也就是心脏的形状。即便这个解释不对，但古来这样表达心意的食物，大概都是类似的形状。中间插上筷子，即便今天看起来有点煞风景，但还是可以很有力地证明这一点的。而为何只插一根筷子？这个问题也值得考究。本来筷子是在进餐之前，各人自己先制作，一般用过以后也不会考虑让别人再用，以避免有人使用自己的筷子而给别人带来诅咒②，所以到了屋外就折断扔掉。今天也有人用过一次性筷子之后，会把筷子折成两段，应该就是这个习惯的遗存。问题在于，筷子的数量变多了，又出现了呈复数的饭团，被放在一个餐盘中献祭。对此，我的解释是，把年末"魂祭"的御灵看作一个整体的想法慢慢发生了改变，十二是一个吉祥的数字，所以用这个数字来代表多数。

---

　　① 把两个扁圆的"饼"团摞起来，上面的小一些，正月的时候用以供奉神佛。
　　② 日本的民间习俗中，有在筷子上写某人的名字后折断以诅咒该人的做法。

三十五　"御灵"思想的变化

　　"御灵"的观念，随着时代的变迁不断变化，这一点我们已经达成共识。正月的"御灵饭"，往往被放进年饭里食用，或者保存起来留到六月一日"齿固"①仪式上炒食；还有的用来作为防火和祛除夏季疫病的"供品"。也有口头传说，在播种的时候，把"御灵饭"一起撒到地里，会获得丰收等。由此可知，"御灵饭"本来没有被认为是什么不吉利的东西。信州北部等地，还有把插在"御灵饭"上的筷子拔出放置一旁的日子，不过时间上各家并不统一。早的从正月二日到三、四日；也有的到"送松"②的日子，或者到正月十六日；也有的到午日。还有的地方是到了和主人出生年干支一样的干支日，

---

① 为祈愿长寿，在正月或者六月一日，咬食一些硬的食物的习俗。
② 将正月的松饰收拾起来，标志新年结束。

把"御灵饭"取下，有的家里则只有主人才能吃取下的御灵饭。东北地区有些家只有继承家业的儿子或者女儿才能吃，其他兄弟姐妹不能染指。作为先祖和子孙的纽带，没有比这样的做法更具体又适当的了。每年的初春重复此事，是历史绵长的老户的一大喜事。"御灵饭"原先一直是作为"供品"供奉到"先祖棚"上，"先祖棚"的门就一直关着。后来把"供品"撤下来，作为驱邪求福的手段加以利用，很明显这是发生了很大的变化的，而且这也只能解释为是对"盆"祭佛教化的一种反映。

把两个极端的例子放在一起看，变迁的过程就很清楚了。秋田县的鸟海山麓的一些村落，会设置称为"神灵座"的"神棚"，挂上蚕茧形状的糯米团，把十二个饭团放到簸箕中，每个糯米团上插上新的杉木筷。前面提到的安家村的例子也一样，这个是取代年神祭的仪式。岩手县水泽町的"御灵饭"是供奉在佛龛上的，不同之处是放置十二个饭团的白纸前部，用红色画三个圆圈，让人联想起"三玉"这个词语。红色表明这个仪式不是凶礼。当然，如果家中有丧事，当年是不举行这个仪式的。但是在信州的一些地方，南安县野郡的大野川等地，当年有人过世的家庭，除夕夜会将白米饭盛满高出碗边，上面插五根筷子，左邻右舍前来慰问，陪着守夜。下伊那郡南端的大川内村也是如此，年内有人过世的人家称为"初御灵"，高高盛满的饭碗上插几根筷子，供奉到年龛龛上，这个称为"御灵祭"，近亲者聚集到这家，称为"参见御灵"。这些地方并非没有先祖祭，只是这样的家庭为刚去世的人举行同样的祭祀的话，那些当年平安无事的门户就不举行同样的祭祀，或者避免用同样的名称，至少在正月能回避此事，也是理所当然的。饭的上面插几根筷子，供奉到年龛龛上，这些做法和别的地方的"御灵饭"做法一样，由此可知这个习俗原来出自同一个仪式。但是，过去那些当年有丧事的家庭，年三十到正月能否举行祭灵仪式，我个人认为是不被允许的，但是还没有确实的证据。不过如果有心，在这些地方自己仔细调查，还是可以确认的。换言之，这个和"盆"的"魂祭"一样，对身边亲人的追怀之情，超越了认为丧事污秽的观念，这个也是变化的结果之一。而另一方面，也有无法超越，结果反而后退的地方，这就是正月的祭灵。因为现在还有一些地方处在分裂的过程中，因此把两者放在一起比较，可以看出结果。如果错过了这个时机，这一点会越来越难理解，说明起来也愈加困难。

三十六　丧年与新亡灵

　　对死丧的污秽的厌恶和忌讳，近百年来，特别是进入现代，减轻了很多。我认为不仅是由于社会交往的进化和人们忙于生计，还应该有更深入的理由。这个已经不单单是好不好，或者无可奈何的问题，我们必须把这个变化的过程揭示出来。时过境迁，今非昔比，变化已经从我们的精神方面表现出来，如果无视这个差异，或许会陷入错误的复古主义之中。不仅记录上有充分的证据，而且现在那些保留古老习俗的人们，还清楚地保留这种感觉：新近有亲人去世或者接触过死者的人，突然生活上会产生很多限制。首先，他们不能参加节庆的仪式，特别是祭祀和各种仪式。而且这个限制非常迅速地传播到他们接触的人群，虽然各地存在一定程度的差异，但这些间接接触死丧的人们也不能侍君拜神。这个自然给他们的公共生活带来极大的不便，因此人们想方设法回避这些不便。最初的方法是造一个守丧小屋，让守丧的人住在里面限制他的活动范围，隔断他和外部人群的来往。这个时期在守丧小屋生活的人自己无法补充食品燃料，只好依靠外部的供给，由此守丧的时间就逐渐缩短。此外，人们还想出各种除厄驱邪的方法，但是这样还是有限度的，如父母葬礼刚结束，就出仕做官，还是不能被接受的。此外，应该忌讳回避的场合、那些必须严格遵守的戒律都明确列出，对接触污秽的忌讳应当加强，原因之一就是别的一些细节的警戒逐渐放松的结果。民间的神社祭祀，年节礼仪中的正月，都会被当作特别圣洁的时间，这个是远古感觉的留存。有了节日的限制，平日的交往就慢慢放开，一般的忌讳和限制也逐渐放松。但是朝廷的公事，则还是需要严守规矩的。因此宫廷的仪式，常有很多官员不能参加。中世末期的宫廷日记中有记载说，朝廷有惯例，七月十五日的宫中仪式，是要双亲健在的官员才能参与。民间也接受这个规矩，双亲都过世的人在"盆"期间必须斋戒，双亲中一方健在的则在十四日当天斋戒，也有的地方如果双亲都健在，十四、十五日这两天必须给老人吃鱼，而且这些人之间并无隔离措施，是一起共同行动，共同祭拜先祖的祭坛的，这其中当然包括过去一年中有家人过世的人。

本来有诸多限制的冷清的家中的"盆"活动，和主人的双亲健在、全家其乐融融的先祖祭，形成了两种完全不同的仪式，随着佛教影响的扩大，人们慢慢对关系较近的人的祭祀给予更多的关注，对先祖的祭祀也开始有这样差序的考虑。但是，正月到底还是没有发生这样祭仪混同的情况。一家"立门松"，挂"注连绳"之后，家里年内有过丧事的人就不会从其下面走。僧侣即便自己身边没有亲人过世，不涉及死秽的问题，但是因为平素承担超度亡灵的职责，因此正月四日之前也是不会去信众家访问的。对年内有丧事的家，僧侣一般会在年前上门慰问：

> 今年实在预想不到会有这样的事情，深表同情。
> 今年贵府无法欢度新年，万分遗憾。

这些见面打招呼的说法，意思是世间人们快乐地迎接新年，而府上无法和别人一样进行过节的往来，令人哀叹不已，而我们不能陪伴府上共度时艰，却和世人一样享受节日快乐，心里十分过意不去。这些平常的家，也会在家里举行祭灵仪式。祭灵本来有两种，盂兰盆就是两者混同的结果。这个是很明显的例子。死后未满一年的亡灵也被称为"aramitama"，"盆"祭将其称为"arasonjo"，也有叫"新精灵"的，人们都把它理解为"新"的意思，但是其源头是"荒忌"①和"荒御灵"②。而且，"盆"祭和和平安详的先祖祭并不合拍，所以需要用别的特殊的方式让过世的人死后生活得安稳。佛教的不少派别并不忌讳死秽，其供养的对象主要是新过世的人，即便如此，大年三十这天的新亡灵祭，是和佛教无关的传承。我认为古时候日本的形态，可以从这个方面探明真相。

---

① "araimi"祭祀的时候，主持和参与者在一定期间斋戒慎言。

② "aramitama"，亡故不久的不安定的灵魂。

三十七　"精灵"与"mitama"

　　"盆"和正月两次"魂祭"，各自沿着不同的变迁路线发展而来，我们的祖先们努力让两者有所不同，渐渐地两者的共同之处就被忘却了，其中最显著的是新年的"mitama"的说法，"盆"的时候叫"shouro"，或者叫"精灵"。如此一来，慢慢地，两者就越发成了不同的东西。所指的对象相同，但是"祖灵"是原本的日语，而"精灵"一词来自汉语。德岛县有不少人只在正月的时候称家的祖灵为"mitama"①。不仅如此，也有的地方会用"mitama"这个词指称"盆"。父母都健在的人家，"盆"的时候，儿女拿着鱼和其他食物到父母的住处去孝敬老人，这个行为被称为"生见玉"②，这个从古

---

①　汉字是"御灵""御魂"，指祖灵或神灵。
②　"盆"祭的时候，供养还健在的父母的做法。

至今都没变化。原本是不能把活着的人称作"精灵"的，所以这里特意如此称呼，也说不定。东京附近的川越一带，把当年有人过世的"盆"称作"新御灵盆"。我的故乡，播州中部，在"盆"祭的十五日要蒸小豆饭，然后做成浑圆的饭团，放在薯叶上上供，这个被称为"mitama"，也就是"御灵饭"的意思。同样的习俗在丹后的舞鹤附近，还有伊豆半岛南端的村落也存在，不过后者的称呼讹变成了"nitama"，也是把一根麻杆做的筷子插到饭上，和正月的"御灵饭"一样。浑圆的饭团现在很常见，但是这个样子的饭团原来仅仅在"盆"祭这个特别的日子才会有。"nitama"也是这个形状的饭团，东北地区也有这样的习俗。不过并不是每个地方的饭团都是浑圆的，现在也有三角形的一角尖头突出来的。这些饭团和平日午餐食物的形状略有不同，但都是认真制作的。

"精灵"和"mitama"这两个称呼哪个更古老，答案是显而易见的。问题是，为什么我们日语本来就有这么好的表达，还要用汉语呢？除了"盆"和正月的"魂祭"需要分开的考虑之外，还有更细微的理由解释为什么开始使用这个新词。这个理由导致了两者的对立。

汉语的引入导致日语的意义产生纷乱的一个最典型的例子就在这里。这里如果不把语言变化的来龙去脉梳理清楚，死后到何处，这个重要的问题是无法搞清楚的。对过去受过教育的日本人，所谓男性文字的存在非常重要。在很长的时间里，信件、日记等都要用汉字书写。耳朵能听懂的话，但是用字怎么写出来就颇费心思。不管好坏，追随前人的用例，用字不断被换用。"mitama"是上古就有的正确的日语，不幸的是正好当时没有适当的汉字，清辅的《奥义抄》①对年末的"魂祭"，做了如下的解说：

　　下人叫 mitama 祭，公家叫荷前祭。

　　在当时的日本，说出这个词被认为是没有教养的人。而且当初并非没有适当的汉字，《日本书纪》②中"mitama"这个词出现过数次，都是用御灵这两个字书写的。"御灵"属于直译，大概是日制汉语。这个用例还有"皇祖神祇御灵"，甚至还有"天皇的御灵"这样的说法。其使用范围广泛，跨越了人世和灵界。但是，由于某种不得已的原因，这两个字从一般使用中消失了。读过国史的人都记得，延历十三年(774年)平安京迁都初期，随着首都的快速繁荣，

----

①　藤原清辅(1104—1177)平安后期的歌人、歌学者，《奥义抄》是他写的歌学著作。

②　日本最初的正史，养老四年(720)成书。

各种灾害也随之频繁发生。人们把这些灾害归结为政变导致的牺牲者的怨灵作祟的结果而恐惧不安，或者也可以说，是新宗教的感化的结果。因为是怨灵作祟所致，所以举行大法会来镇魂，称为"御灵会"。后来祭神，将其称为"八所的御灵"。这样一来，本来普通祥和的先祖之灵就无法用"御灵"这两个字了。而且，这个新的"御灵"信仰不是一时的，而是从那时开始一直延续到现在的。变成这种令人恐怖的"御灵"的人也连绵不断地出现，无知无识的草民可以说出来，但是一般先祖意义的"mitama"这个古语，从那时起，便没有适当的字来表示了。

三十八　幽灵与亡魂

我认为，"mitama"最初根据汉字的发音，被读作"goryo"，但是那些特殊的"御灵"不断出现，这样，对那些完全不同的大量的"mitama"，就无法用同样的词汇表达，两个词由此分道扬镳。"精灵"这个词的历史可能比较晚近，原来是为了区别于那些新的"御灵"，为表达普通的"mitama"而造的新词。我手头没有详细的记录，但是我觉得可能"精灵"原来大多被写作"圣灵"。可能有人会说两者不同，用耳朵理解这个词的人应该会同意我的观点。如果看到此外还有人随意写成"性灵""生灵"等，就会理解其源自一处，或许最初针对那些需要用佛法引导的灵魂；或者是对世间抱有仇恨，需要祛除这个恶念的灵，就先选用了"圣灵"这个词。但是石清水和北野的大神社，还有大阪的天王寺等，那些叫"圣灵会"的和"御灵会"很像是防灾的祭祀。所以用这个词来表示各家的先祖，似乎不那么合适了。精灵这样的写法，原来就是一个词，和中国不大常用的字类似。精也罢，灵也罢，和日语的"tama"的感觉近似。把两个字合起来代指"tama"，对不大识字的女人和孩子来说，很早就把这两个新字的发音读错了，变成了方言后，便因地而异，比如，东北叫"osorea"，近畿叫"sonjo"，也有不少人读成"shaara"，九州南部甚至还有叫"zerosama"的。这样一个绕口的新词，如此流传到这么广泛的区域，多少令人吃惊。这也是后来盂兰盆的先祖祭变化的结果。"mitama"这个词越来越不好用，而在日本人的生活中又是如此重要，所以找到合适的词表达的必要性，一直存在。

"mitama"可以说是迄今为止最合适的用语，即便用平假名①书写也应该保留。以前的知识分子们也很不容易，无论什么事，如果找不到合适的汉字，写文章就不能用这个词了。在正式仪式的场合连说出口都会招人嘀咕。"先祖"这个汉语词在使用的时候，意义部分受限，或许是因为它成了"mitama"的代称的缘故。"幽灵"和"亡灵"这些词，可能也是当初作为候补被想出来的。有些例子表明这些词仅仅指称亡故者之灵。但是，结果众所周知，"幽灵"是特指那些无法成佛的怨灵，出来会吓人一跳的那些灵，类似妖怪一类的，

---

① 平假名写作"みたま"。

绝非正常的存在，造成这些的原因，就是找不到适当的对译词却又非要用汉字来表达这种过度偏重文字的倾向。本来"御灵"的"御"是敬语，加在"灵"前面就仅仅指称各家应该尊崇的灵，后来虽然加上了"样"，但还是觉得"精灵"和"圣灵"无法完全表达日本人的感觉。这样，就慢慢把那些不太重要的别处的灵，甚至来历不明的亡灵，都包括进来，相应的盂兰盆祭的观念也日益复杂。偶尔也有人使用"尊灵"来表达"mitama"，但是在民间并不普及。要是这样的汉文得以广泛使用，对今天我们的理解还是大有益处的。京都和奈良附近有用"sonjosan"的说法，或许并不是"精灵"的发音的讹变，而就是这个"尊灵"的发音。

三十九　三种灵

　　现在的"盆"祭的"精灵"，分为三类。最近人们感觉到，用一个词无法表达这细微的差异，于是开始加限定词，这个语在各地便开始了意义的分化，特别是多个意思的其中之一用这个词表述之后。"精灵"的本意被忽视的原因更多了，前面提过有的地方把过去一年中有人过世的"灵魂"叫作"arasonjo""wakajouro"，或者叫作"新精灵"。"盆"的"魂棚"上特地为此进行华美的装饰，也有不少地方规定在这个时候设置"精灵棚"，这些家庭中，有不少已经把"精灵"理解为新近亡故者的灵。如是，日本国民的先祖观念便产生了相当大的变化。后面我将详细说明。

　　从九州南部到海岛地区，有"外精灵"的叫法。只有东北地区不知为什么比较少用，关东以西的广大地区都如此。"灵"仅仅是在叫法上因地而异，有的叫"hokadon"，有的叫"tomodon"，有的叫"御客佛"或者"无缘者"，甚至有不少地方叫"饿鬼"，所以，我们可以看出，有关"灵"的观念，各地还是存在不少差异的。但是共同点是，必须在家祭祀的祖灵之外的灵，会在"盆"的时候聚集过来。岐阜县的一部分地区把这些"外精灵"称为"一切精灵"。壹岐岛有个"sangebange"的叫法，大概是"三界万灵"的讹变。这个是我国固有的先祖祭观念的一个出乎预想的新变。和基督教有十月四日的万灵祭一样，佛教也有成为世界性宗教的特征，即超越种族而走向共同信仰。这一点是必须承认的。供养那些堕入恶鬼道蒙受饥苦的亡者，是"盆"的中心活动，僧人们强调这一点，自有他们的理据。而现在寺院的"盆棚"就是为此而设置的。当然，这不是我们古老习俗的原貌，佛教界也承认这个差异。在不违背佛法的前提下，而且更进一步，我们将此祭仪与慎终追远的家庭祭仪相协调。这一点和五百年前基督教传道的态度是迥异的。

对"外精灵"的解释，根据佛教渗透的程度不同，会有地域差异。因此，对"外精灵"的态度，也随着家庭的不同有很大差异。迄今为止尚无人对此进行过比较，因此大家很容易把自己故乡的习惯误以为是全国共同的做法。但是仔细考察一下，就可以知道在这个领域并不存在一般性常识。像"饿鬼"这样有恶名的灵、南九州的"fukejoro""domodon"这些东西、无家可归的乞丐，都会在盂兰盆的时候把供奉给祖灵的"供品"吃掉。为了让先祖安静地享用，人们先要把它们喂饱，免得其来捣乱。这样想的话，除同样无人供养的灵魂中和家无缘的那些亡灵外，还有虽然是家族成员但是未婚先亡的人，在关东其他地方是被单独祭祀的。和歌山县的纪之川等的"御客佛"，是妻子一方的父母的兄弟姐妹、嫁到别家的姐妹或者外甥侄子等过世变的新的灵。也就是说，除了固定不变的自己家的祖灵之外，外设祭坛祭祀这一点虽然相同，但是，上述三种祭祀的具体内容是各有不同的。和西洋的一切"灵魂"这样的大概念相对，日本的"外精灵"则没有统一的内容，而这些不同的内容又是如何进入各个家庭的，还是有很多谜团需要破解。

四十　柿树叶与荷叶

"盆"的"魂棚"的位置构造或管理方法，和岁德棚的摆放方式相比，呈现出更多的地域性差异。其中一个原因确实在于这个所谓的无人供养的神灵、"外精灵"的参加，难道说，正如佛家教导的那样，我们已经承认了三界万灵的存在了吗？答案肯定绝非如此简单。比如从家家户户都称之为"御灵"的东西中分离出最圣洁纯粹的部分，作为年神放在岁德棚里供奉，使祭祀的人内心得以净化。如果我的假设幸运成立的话，那"盆"既是一种时间的制度安排，又是举办活动的人们的念想，因为我认为这是一个极其容易分裂的机会。近代，在"宗门改"制度①的影响下，即使是没什么宗教信仰的

---

① 在江户时代，为了排斥、镇压基督教的影响，官府对民众实行了宗教信仰普查的制度，强迫信基督教的信众改宗信佛教。

家庭，也必须归于某个佛教寺院。在这样的制度下，"盆"的祭祀突然染上了佛教色彩。甚至有人说所谓的灵前念经其实是一种侦查方法。而且佛教并不承认祖先灵魂的融合，单单地强调个人每年忌日的供奉。这样年复一年，无法顾及的幽灵越来越多。另一方面，因天灾而横尸路边的孤魂，以及那些无家可归的孤魂也在逐年增加，日本又是一个自古以来便十分害怕这些的国家。日本也有过在举行公共祭祀活动之前，或在四时更替的时候，人们尽可能地不分散、聚集在一起举行祭典仪式的传统，后来畏惧于法力无边的神仙的威德，从而产生了接受其统治的信仰。以"misaki"或"若宫"为名，便有了游行神这一称谓。我觉得"misaki"是能归入一类大神属下的范围，并服从其指令的意思。即使同样是孤魂，这种"misaki"和家家户户的孤魂，即那些无子孙祭拜的亡灵，是明确被分成两类的。但是由于对幽灵道的研究并不发达，所以常人无法明确地划分这条界线，对此的解释也众说纷纭，比如有的被描述为像无赖乞食形象的鬼，有的是像《饿鬼的草子》①等那样的可怜鬼，还有如祖父的弟妹或曾祖父母的掌上明珠等这类年纪轻轻就死了的怨魂。这类混乱对每家每户来说显然都是巨大的不幸，所以作为对这些悲痛的慰藉，

---

① 12 世纪出现的绘卷《饿鬼草纸》，根据六道轮回的思想描绘了饿鬼的惨状。

佛道的教化确实起到了一定的作用。

听说以前在偏远的乡下会骂那些没有子女的妇女为柿树叶子。虽然现在已经没有人会说那么残忍的话了，可能只有当事人会不时地想起。我想写《关于先祖》的动机之一也是感受到了在那种处境之下的人的凄凉，没有什么其他的理由。柿树的叶子原本也是世间的食器，即使后来出现了各种各样的陶器和木制圆桶之类的容器，但人们只在供奉孤魂的食物时想摒弃古风却未能成功。柿树叶子后来也被换成过黑芋的叶子，特别是荷叶，因和佛法有缘，至今仍被家家户户广泛使用。但是因为今天在孤魂和佛之间，有一个应该给两者设置某种界限区分的目的，所以即使是在同一个祭坛进行祭拜，柿树的叶子所盛的供品也放置在比莲的叶子低的位置或更边缘的位置，盛放食物时，也先放荷叶，之后再放柿树叶，祭拜的时候也是先从荷叶开始。而且，只有在撤下柿树叶的食物时，家里人不会分而食之，而是全部都倒在一个容器里面，就这样放着直至最终扔掉。以上不管是哪点，都表现出了对荷叶和柿树叶的差别待遇。柿树叶作为以前没有的东西，能出现在初秋的魂祭活动上，这点要归功于佛教的感化，或者可以说，是受到其影响的。

四十一　常设的"魂棚"

　　如果不制作很详细的分布地图认真观察的话，我们确实无法得出结论。但我认为，为了每年的"盆"而设"精灵棚"这样的习惯，比起设置新"年棚"的要少得多。比如说东京等城市，好像原本是每家都设有新"年棚"的，只有在"盆"时祭奠亡魂的人才会常设所谓的佛龛。以我家为例，"盆"的时候，会用一片绿油油的茭白的席子铺在下面，用绳子将酸浆和柿子、栗子的枝条挂起来。因此，我们对"盆"的印象虽然完全变了，但这只不过是作为一般佛龛的装饰品。因为江户有很多短期临时居住的家庭，所以我想这种简陋的方式可能起源于那里，就连地方的农村宽敞的旧房子里也依然能看见几个类似的仪式。如此简陋的仪式并不是为了省去每次的铺设，而是为了能增加除了"盆"以外的祭祀祖先的机会，于是就在平日里的住处腾出一个地方来供奉它们。每年忌辰的供奉变得越来越频繁，不管其目的和必要性是什么。我们原本就有祭祀祖先灵魂的佛龛，后来为了祭祀新亡灵，认为必须要做新祭坛的人毫无疑问是占大多数的，除此之外，还有几个证据。因为佛龛这个词变成了一般通用的叫法，所以导致很多人产生了误解。

　　　　"玉棚"深处，父母慈祥的容颜。

——去来①

　　这可以说明，佛龛本来就是常设的"魂棚"。

　　从上面去来所作的"魂棚"的俳句中，可以读出人在上了年纪，在"盆"用花和绿叶装饰着的临时祭坛里，产生某种幻觉，看到父母的面容。这也算是人之常情吧。而给这个俳句做注释的人解释说，只有在"盆"的期间，把佛龛称为"玉棚"。这或许是一种推测。但不管如何，既然有常设的祭坛，再单单为"盆"准备"魂棚"，难免会让人觉得多余。我认为，以前除了常设的"魂棚"，要是遇到非要设新祭坛祭祀不可的场合，往往会用花和灯竭力美化装饰新祭坛，

---

　　① 江户中期俳人，姓向井，名兼时，别号落柿舍等，出生于长崎，在其儿时，举家移居京都。

此风一开，人们便觉得祭坛是为"盆"活动而设置的。结果慢慢地，原来有的地方的"魂棚"倒不使用了。这些地方在"盆"的期间将牌位从佛龛中取出，因为将其放入了新的"精灵棚"中，所以佛龛此时是完全空着的。在信州饭田地区，大家将其称之为看门神。但即使是这样，也会摆放一般的供品。奥州三户乡等地称其为"空坛"，但是在前面也会供奉米饭。年轻人有时会忘记放供品，年长者会说"给 yadoi 献供品了吗?"来提醒他们。yadoi 是方言，也是看家的意思。从没有使用敬语这一点来看，人们认为空坛里没有佛在场。

四十二　佛龛之名

在日本，无论是谁，都认为他死后会被称为佛，这一点和常设的神龛被称为佛龛不知是否存在直接联系，但因为这两者之间有相似之处，人们便常常将"盆"误认为是佛教的祭典，以为它是从佛教传入日本以后才开始举行的祭祀活动。近世①近代所谓的神葬祭②，也就是不按照佛教仪式祭拜祖先或举行葬礼时，这些家庭会临时将佛龛拆掉，或将其归并到神龛里。这不能算是复古，作为一个新的改革方案，这个现象尚有研究的余地。在我们松冈一族中，因为祖母是佛教徒，所以用佛教的礼节供奉她，在三年丧期满了以后，所

---

① 日本史指从安土桃山时代到江户时代。
② 用神道方式举行的丧葬仪式。为了和佛教葬仪对抗，在江户末期到幕末，东北的水户藩等地的神社编写了很多指导手册，内容多参考中国的《朱子家礼》的内容。战后神社本厅编写的《诸祭式要纲》《神葬祭指南》，成为一般神道丧葬仪式的指南。

有的佛具经书和世代的牌位牌都被扔进了大河里，佛龛也变成了空空的吊架。信仰神道的人则忌讳把供奉的神牌称为牌位，这个类似神牌的东西是四方形白木，写上亡人的名字，将其放置在神龛的左右两端，那就是我们所说的"魂"。祭祀当天，把应该要祭拜的魂请到正面略低的位置，以最恭敬肃穆之心取下套子，名字显现出来后，大家一起对着神牌行祭拜礼。我认为这也是一种新的方式。牌位可能是中国特有的词汇，虽然它绝非和佛法不可分割，但是它在长年熏香的陶冶中沾染了佛教的气息，且上面刻有法号，这一点是非佛教徒不能接受的，这一点从历史上看也是无法解释的。法号本来是那些恪守清规戒律、尊奉佛法的人的标记。但是，未征得本人同意，死了以后给他加上法号，而且法号的意义一般人也不明白，又很难记住，对这种做法的批评，很早就有了。但是大多数人的心理很奇怪，似乎又觉得有了上述的仪式才让生与死有了明确的分界，悲哀敬慕的俗念随着时间得以净化，死者得以永远成为一家的守护神来受到敬仰。不知道是不是因为这个原因，用神道仪式葬礼祭祀的人有的也会给亡人另起名字。这其中体现的矛盾性，和想要永远保持祖先的个性的观念，与我所强调的祖灵融合单一化的思想之间的矛盾性一样，都是很难兼顾的。

　　与之相比，有一个更加实际的问题。那就是基于信教自由的原则，即从佛教中分离出来的各家的祖先祭祀今后应该如何发展的问题。我家那边幸好没有中止"盆"的祭祀，每到七月十三日，和村子里的孩子们穿一身白色的正装，去墓地迎神，在芥草和焚香的香气中，只有我家人捧着神木（杨桐）的枝干，供奉御洗米，虽然我们会和大家一起提着灯笼返回，但是听到附近人家传来的念经声和钟鸣声，多少有点没跟上时代的孤立感。何况还有些地方的人们感觉在"盆"举行祭祖仪式，有种被佛教这种外来宗教牵着鼻子走的负疚感，所以改在春秋的皇灵祭①这天举行祭祀。取消"盆"或在"盆"那天什么也不做的现象扩散到很多地方，对祖灵多少淡漠的人群有所增加。为了追溯我们民族漫长的历史足迹，即使受到外来思想的强烈冲击，我们仍必须尊重已经浸润到国民的大多数人的生活中的本来的习俗。并且如果还有必要改变，我认为也只有先从事实现状开始思考，此外别无他法。

---

① 历代天皇神灵的大祭，战前在春分日和秋分日分别举行春季皇灵祭和秋季皇灵祭。

四十三　"盆"和"hokai"

　　但是问题有时候也会变得出乎意料的简单，我们只需在两三个过去没有意识到的点上着手，或许就能取得事半功倍的效果。比如我国有在旧历七月十五日举行称之为盂兰盆会的法会的惯例，这个很早就成为一个公共活动。只是将其前后的几天称之为"盆"，对于这种来自佛家的说法，虽然众所皆知，但是无从考证。是将梵文的"urabunna"简译为"盆"，还是把中文音译的"盂兰盆"简写为"盆"，抑或只有我国才有的"巧合"，偶然因为联想到是外来音，而"盆"这个汉字在僧俗之间又素有人望，就变成这个用法。我认为如果不综合以上诸多可能来分析，只是人云亦云地接受以前的说法，是不科学的。

　　我个人的见解是，据中世之前的记载："盆"或者"盆供"大都写作"瓫"。瓫和盆都是用土烧的食器，似乎就是同一种东西。这个是由女人和孩子先开始这样说的，还是像如今的"gozaru"这样的词语，是由识字的人开始风雅地称其为"bon"并逐渐普及的，单凭汉文是无法判断的。但在中世的和歌中确存在"boni"和"bonisuru"这样的词汇[1]。

把双亲推下大海，却又为其举行盂兰盆祭，何其悲哀。

由此可知，那个时代"boni"这个词已经相当普及了。不过作者是上流社会的人，又是法师。所以这个词是否普及到女人和小孩子，尚不可知。此外，虽然"boni"这个词被认为是汉字传入有了音读以前的日本语，但在与中心地区交流很少的边缘地带，还存在与这个词说法一致的东西，且不是出于模仿或是语音的讹变，所以，我认为，这个词应该是由古时候的一个源头扩散而来的。土佐[2]地区的各个郡，直到最近的"盆"的十四、十五、十六这三个晚上，家家户户都会在门口点上火，称之为"hookai"。和其他地方被称为"柱松明"一样，因为在竹竿的顶部点火非常壮观，便将"hookai"的

---

[1] 原文是：わたつみに親をつきいれてこの主のぼにするみるぞあれなりける。其中的"ぼにする"的发音为"bonisuru"。
[2] 在高知县一带。

意思用"法界火""放火会"等文字来表示；也有人说是祭天的奉火会。此竹竿有一个特征，即根部供放着洗好的大米和切碎的茄子条。还有如果孩子吃了用未燃尽的竹竿做燃料蒸的饭，就能避免夏季生病的俗信。奈良的龟田一带，还有"hokai 火"的叫法。有传说在"盆"期间，人们会点灯笼悬挂在檐廊下，目的是为了慰藉明智光秀的灵魂；还有用这个"hokai 大人"的筷子，夹三次人身上长的疙瘩，然后把筷子扔入河中，这样皮肤的疾患就会痊愈等，这个大概是和食物有关的传说。长崎市史里记载的出现在港口的 hokai，是为了祭祀"盆"的祭坛边上的孤鬼游魂，把多出来的供品给他们。也就是前面提到的祭祀孤鬼游魂的仪式。hokai 饭早晚会撤下来两次，但是无论是家人还是佣人，都不愿意吃它。所以贫民乞丐等这时候会拿着盛饭的家伙去各处收集这类供品。据说这个习惯和从江户的宝历年间①就开始的十五日深夜人们为了祭奠祖灵而四处收集供品的做法有点相似。

在日本的另一端，青森、岩手、秋田三县，到如今都还举行盛大的 hokai 活动，这些是在坟墓前举行的祭祀，祭祀的时候明显以食物为中心，这又和物品的收受有关。这个习俗在其他东北三县、

---

① 1751 年为宝历元年。

关东越后地区都有分布，其影响还波及北边跨越海峡的北海道的一部分地区。

　　　　"盆"的十三日晚上，hokeyasuru，

　　　　红豆糯米饭、豆芽

　　像这样的盂兰盆舞歌谣，在寿都、函馆、室兰等地传唱。在津轻和南部地区，一般会在十三日的傍晚举行"盆"踊歌会，或者在天亮时分，也就是十四日的凌晨；又或者在同一天的早上和傍晚举行两次。也有的地方更早一点，在七日左右举行。各家有不同的习惯，但在庆祝仪式结束后，每家都会举行祭祀仪式。引人注目的特色是在墓前搭建 hokai 祭坛，铺着用宽叶香蒲和绿油油的茭白编好的席子，上面放着各种各样的供品。洗过的米用水浸泡着，或者倒入由米粉融化而成的白色液体，这就是前面提到的被称为"araneko"和"arare"的东西。也有人建议雨天的时候，在家里的佛坛前献祭。因为据前人记载，雨天墓前的供品沾满泥土，变得乱七八糟。但是大多数时候，供品还是被乌鸦吃掉了，或者在此之前被聚集起来的贫民取走了。近年来很少再看见那些乞讨者的身影，但是就像有人用"hokai"来解释乞食一样，在以前那也是很普遍的状态。

四十四　"hokai"和"祭"的差别

　　如今，在东北地区还把乞丐称为"hoito"，但将其称为"hoito人"的说法在全国已经不复存在。"hogau"或"hokaisuru"这样的动词，到如今意思也完全和古代一样，并没有发生变化，在东西部各地被广泛使用。比如说在秋田等县，偶尔也用"hogau"这个词，略带诙谐地表达请人吃饭这件事。一般这个词是指用食物祭神。这也主要指"盆"时，在墓前上供。有的家庭也会准备"堺重"①作为hokai的容器。而一般家庭也就是用芦苇或绿油油的茭白将供品包起来拿到墓地。"那家的墓也在hogae"这样的说法由此产生。《类聚名义抄》②把"祠"或者"祀"读作hogau、maturu、inoru，《伊吕波字类

---

①　大阪的堺地区的名产漆器餐盒。
②　日本11至12世纪成书的汉字词典，编者不详。

抄》①把"祭"表音为 hogau,《延喜式》②中的《宫内省》一节,把大殿祭读作 ootonohogai,《新撰字镜》③里把"祠"解释为"春祭也",发音标注为"保加布(hokau)",也就是说,"盆"的 hokai 是日本的古语,可以判断它是从千年以前便开始举行的各种"hogai"的其中之一。

但是我现在想考虑的问题是:"hogai"和"祭"这两个词语,作为日语词,它们所指完全相同吗?虽然有些偏离主题,但因为其对于探究"盆"的由来非常重要,所以我想更加详细地说明一下。在《笈埃随笔》④这本写于一百六七十年前的游记中,描述现在宫崎县山村的风俗说,

> 该地常常将饮酒和品茶也作为最初的供奉神灵的仪式,这也被称之为"hokahi",是古语的一种说法。

这一风俗到现在都没有消失。在高千穗⑤,有强烈敬神观念的人会在饮酒前用指尖将酒洒在空中三次,这也被称为"hokau"。

---

① 平安时代末期成书的日语词典,橘忠兼编纂。
② 《延喜式》是日本古代法典,延喜五年(905)开始编纂。
③ 平安时代初期成书的汉和词典,编者为昌住。
④ 随笔集,作者百井塘雨(生卒年不详)。
⑤ 在九州地区的宫崎县一带。

"agehoke"是指向神灵献酒，它的方式略显简单，也有把树枝挂在叫作"kakeguri"的小竹筒里，将水注入其中，再对其进行第二次注水的，这个叫作流御酒，也叫"koboshihokai"。

在东北地区，津轻①北秋田等地，那些被称为"matagi"的猎人们也会举行被称为"毛bokai"的活动。和"盆"的"hokai"不同，猎人们猎到熊以后，在山中将其分解，并把剥下来的熊皮毛朝内反盖在熊身上，然后大家手执树枝唱歌，据说这是超度和祭奠熊的仪式。仪式内容还有将熊的部分内脏献给神灵，猎人们分而食之等。另外，九州地区的熊本县南部的山村，有猎杀野猪后的"毛祭"，仪式方式和东北的"毛bokai"相似。应该是从中世的矢祭②演变而来的，猎人将猎枪对准打中猎物的方向，高唱下面的词曲之后开枪：

深山的山神啊，中间的山神啊，下边的山神啊，即使我们有过失，也请一定接受我们的心意，南无阿弥陀佛。

"hokai"在这里是指向神仙献上神酒。献了神酒以后向空中放

① 在东北地区的青森县一带。
② 狩猎时，由身份高贵的男子先向猎物射箭，也指那个时候敬神的仪式。

炮，也叫向山神"hokau"。从京都到西北方向的山村一带，正月四日是初次进山的时间，有在这一天将于插秧祭时使用的一捆柴砍好带回来的风俗，也有的村子称这种习俗为"honaga"或"hokai"。在那天，向那捆柴供奉食物献祭的习惯也在各地被保留了下来。坐落在阿苏火山山脚的那些村子，在八月十五日的时候要拔十二根稻穗，将它们供献给农神，这被称作"ogaeru"。土佐冲之岛的弘濑地区等，遇到捕不到鱼的时候，就会用沙子擦船，然后用火把船的四周都烤焦，这种做法叫船燎，也叫"funaogai"，也有人说连船都可以被称为"ogaho"。壹岐岛一般也都知道"hogau"这样的动词，但意思好像比"祭"要略窄一点。经常听到的例子是：在庆祝屋顶完工时，会将粥含在口中，把它吹散在十二根柱子的底部。这种方式被称为"粥hogai"，有时候，人们也会边做边唱。还有被称为"入船bokke"的，这是船安全抵达的庆祝日，人们大多会把饭捏成圆锥形的饭团，分给孩子们。如今这个仪式目的可能有了变化，但我觉得应该把它们归于同一类。在信州的南安县等，在插秧季节时休息，孩子们玩相扑摔跤的时候，家家户户提供的芝麻盐饭团或糯米饭团，被称为"hoke"。

这样的例子还有很多，姑且就写这些。但是仅从这些例子就可以看出，"hokai"不仅仅是向心目中特定的一尊神或灵进贡的仪式，周围还有一些不特定的参加者和受益者。中古的字典完全将其混同了，这也许不是我国的"祭"和"hokai"的差异，特别是"祭"，在祭祀活动结束后，会有共享祭品的宴会，主人把食物分给客人。而把食物分给素不相识或者毫不相干的人，这种做法的意义说明食用已经不是主要的目的了。这就是今天的"盆"中祭祀孤鬼游魂的三界万灵的外来信仰，和日本固有的某些观念偶然融合在一起，但是并没完成的一种有力证据。把乞丐看作《倭名抄》①中的"hokai 人"，也是因为他们和"hoito"一样，都说些吉祥话，这样解释并无确凿依据，"盆"及其他祭祀活动中的"hokai"的相关说法，也都荒诞无稽，不可相信。

---

① 《和名类聚抄》的略称，平安时代中期的汉和词典，也写作《倭名类聚钞》，编者为源顺（911—983）。

四十五　瓮也是“行器”

《后水尾院当时年中行事》①一书中，献给天皇物品的禁忌之一为：

> 放入“外居”的东西禁止呈献。

这也给我们的理解提供一种思路。“外居”②在汉语中也写作“行器”，是指将食物从家里往外搬运的木制容器，其形状各式各样，有花盆状，也有圆桶状。这种容器和它的名称在日本可以说无处不有、无人不知。因为“外居”的外边有三个支脚，所以从镰仓时代起，人们便开始相信这是它被称为“外居”的原因。但是那是连“外”和“他”的区别

---

① 后水尾天皇（1596—1680）的著作，介绍江户时代宫中的年节礼仪。
② “外居”和“行器”的发音均为 hokai。

都不知道的人说的。因为物体的外侧就是"外"，物体外侧加个腿之类的在日本并不称为"他"。日本没有脚的容器也有很多，如《延喜式》中被称为"外局案"的桌子，就是为了祭祀在室外安放的台案。正好和东北"hokai 棚"的东西类似，被误解成了放"外居"的台案。当然，这个台上可能会放置容器，将其称为"hokai"，就是因为把 hokai 的食物放入了容器。开始将它写作"hokai"，显然是混淆了其中某些发音而造成的。如今的"外居"形状各异，但大多是木制品。为了持久耐用，人们还会在"外居"的外壁上涂上黑漆，在内壁上涂上红漆。以前都是每年做新的，因为白木太贵不被常人青睐，所以人们用烧制陶器的方法将"外居"做成喜欢的形状，我想，"瓮""盆"由此而来，加上意想不到的是，盂兰盆会中又有这个字，由此便普及开了。

但是把"瓮"训读为"hokai"的例子，我还没有找到。中世的文献中有"送瓮"之说，说的是将各种食物放入其中，然后送到寺院或墓地，这里使用的都是陶器，然后再将其一起放入木柜中。那些陶制"行器"用日语如何称呼，我们无法知晓，其原因可能是因为上流社会那时使用的全是字音。追溯到古代，祭祀时多用陶器，其种类和形状也很多，在《延喜式》中用以区分它的汉字有十几个。如果这些称呼和日语的叫法一样的话，我觉得没有必要一一记录，并且，后来给它添加的训读也并不明确，如一个汉字有好几个训读音，又或者好几个汉字都对应同一个名字。比如说"瓮"这个字，出现过"hiraka""hotogi"，还有"sarake"等平假名。"hotogi""sarake"这两个读法又被用来给"缶"和"甒"注音，其间也有和瓮并举的情况。在 hokahi 只能用木制的容器之前，有些场合也会用到陶器的"hokahi"，我觉得这也可以用瓮和盆来表示，但没有有力的证据。《和名抄》①中，把盆解释为"缶"，发音为"保土歧"hotoki。《字镜》②之后的辞书都把盆训读为"保止支"hotoki 或 hotogi。镰仓时代的《尘代》③卷八里提到：

> hotoki 是"盆"使用的器具的一种，也有人把它当作吉祥物……瓮是用来占卜吉凶的一种器物，"盆"训读作 hiraka、hotoki，读作"缶"的字的读音，一般认为和瓮的读音一样，都读作 hotoki。

总之，到这个时候的瓮是形状和用途都与"hotoki（缶）"相近的，确实不再是现在所谓的像盆子那样的扁平的容器。

---

① 《和名类聚抄》的略称，平安时代中期的汉和词典，也写作《倭名类聚钞》。编者为源顺(911—983)。
② 平安时代末期成书的汉和词典，编者不详。
③ 当时的百科事典类型的辞书，编者不详。

四十六　"hotoke"的语源

　　我的第二个推论是，对死者不做区分，都称为"hotoke"，是因为它是将食物装进叫"hotoki"的容器来祭祀的灵魂。所以它很可能起源于中世民间盂兰盆的仪式活动。从几个角度来考察，可以接近这个问题的答案。我们知道"hotoke"的"hoto"是浮屠和佛陀的读音，但是不知道最后那个"ke"的由来，也许是后面加了"家(ke)"即"浮屠家(hotoke)"，抑或如朝鲜语式的后缀等，不过提出这些观点的人们似乎也没有充分的证据。就连像僧契冲①先生这样严谨的国学家，也不太有把握地推测说："hotoke"的"ke"是"木"，和"民草""青人草"②的"草"相对。还有一点，就是"hotoke"这个词的使用范

---

　　① 僧契冲(1460—1701)，江户时代真言宗的僧人、国学家。
　　② 民草、青人草都指普通人、百姓。这里的"草"是词缀。

围并不广，但因为使用的地区是文化的中心地带，文人们写作也常用到它，所以逐渐变得大家都耳熟能详，但也必须注意，将"hotoke"用来代表如来佛和用来表示其他意义的人，在日本西南和东北两端有很多。在对马的岛上，人们用 hotake 表示家神之一。因为元音有一个不同，所以将"hotake"硬归为家神的一类，可能有些勉强。而在南方屋久岛等地，"hotoke"指的就是"卒塔婆"①。在这个岛上，法事一般被称为"菩提"。每次法事会在墓后立一个"卒塔婆"。每年的新牌会比前一年大，等到三十三年菩提结束那一天，要立一个三米多高的"卒塔婆"。除此以外，好像也把牌位称为"枕 hotoke"，"枕 hotoke"可能多用于人刚亡故的情况，平时的牌位还是被称为 hotoke。在"盆"的时候，建造魂祭棚来迎接 hotoke，这个做法和中心地区类似，不过可能是为了那个时候能把牌位移入其中，所以又有"迎接 shorodon"这样的说法。因此，这个木牌仅仅是作为亡灵的载体被称为 hotoke。

另外，相距遥远的东北各县，称一般的法事为"hotokekaki"，佐渡的岛上也有地方请求"写佛（hotoke）"的地方。也就是说，在这

---

① 原来指专门埋葬释迦遗骨、遗物的建造物，后在日本也指墓碑后面立的细长的木板，上面有梵文的经文和法号，以及死者的死亡年月日。

边 hotoke，也指的是"卒塔婆"。会津的喜多方等地，还有"hotoke棒"的说法，即把从山中砍来的新树的一部分削白，在上面写上法号。其他很多地方，在三十三年最终年忌的时候，一般会将这个新树做好的木棒立在墓地里。也有将这件事称为"hotoke棒"或"toriagebotoke"的地方，听说有的地方在葬礼的当日和一周年忌日的时候也会立这样的牌位。在寺庙超度孤鬼游魂的法事上，东北各地也有将刻有法号的小型"卒塔婆"叫作"柾hotoke"的惯例。也有两三个被认为灵验的场所，只把地藏尊和阿弥陀佛的轮廓雕刻出来，重叠钉在墙壁上做成千体佛的神殿，这个也称为"柾hotoke"。我认为这种做法是为了让"卒塔婆"的hotoke尽可能体现其本意。有名的"南部恐山地藏会"①等组织，因为只是简单地在小削片上写上祈求冥福的句子，所以和佛体完全没有任何关系。在南鹿半岛等地，有在比那个小削板更为简陋的七枚薄片上写下七尊佛的尊名，插入青苇做的簾子放入"盆"的神龛里的风俗，并称之为"kanagarabotoke"，也叫"铇屑的hotoke"。将七尊佛放在墓地的入口，或莲台场的旁边，是全国各地的风俗，如果那是共同的风俗，就会刻石像，有丧事的家里则做临时的"卒塔婆"。但是立七尊佛头并排着的小型牌

①　信仰地藏菩萨的信众组织。

位，是直到石匠能轻易刻出佛像之后才有的事。在这之前，普通民众的 hotoke 多在木柱上刻字，这在画卷中有好几个例子。所谓的"像"，和"卒塔婆"之间原本还有一段很深的渊源。

四十七　各种各样的 hotoke[①]

东北地区的 hotoke 棒，是人们行礼祭拜的对象，这个和每个庙里的如来及菩萨一样，即根据各教的教理，把这个物象当作信仰的本体，这也算是一个新的现象。不过奇怪的是，对 hotoke 的称呼，人们并不使用敬语，类似的例子有很多，但不能详述，这里就点到为止。近年来，两三个热心探究的人令大家开始注意到 hotoke，和刚有 hotoke 这个词语的时候相比，有的人认为它最初便是佛教系统的东西。这个信仰在其他的地方和先祖祭仪式很相近，而管理这些的人则是作为同族一门的宗家。《民族学年报》第三篇[②]上刊登了江

---

① 日语中意义较多，指佛、佛像、亡灵。
② 及川宏：《所謂まいりのほとけの俗信に就いて》，昭和十七年（1942），民族学研究所编。

刺郡①的一个例子，祭日是每年旧历十月十五日，"edoshi"也就是把同族的几户召集起来举行祭祀，祭祀上供奉的白米团子撤下后，只有主人的嫡子可以吃。次子们和女儿们因为将来要出去生活，所以不能吃。这个规矩和除夕的"御灵祭""供品"的处理方法相似，即吃了这个饭团必须一生参加祭祀仪式，否则就会有灾祸降临。祭拜的hotoke的本尊又被称为"黑botoke"，或"黑本尊"，所以我觉得可能也有木制的佛像，但据我所知，并没有明确的hotoke究竟何指的说法，有的佛像都被虫蛀了，还是被祭拜着；也有人祭拜的对象是字画类的挂轴和卷轴。这些书卷像谱系图一样描述信仰的世代传承。但久而久之，人们慢慢读不懂了，就将它作为了尊敬的对象。

在青森县一带的方言，继承家业的人被称为"hotoke持"。而京都及大阪地区，与双亲健在的孩子相对，称孤儿或单亲的孩子为"hotoke持"。两地的说法相同，但是意义相异。因为尚未继承家业，这里的hotoke不是指死者的灵。这样，家家户户除了有上面所说的黑botoke外，还有各种hotoke传承，我听说过"桦皮botoke"，是用白桦树皮代替纸张画像的挂轴，但是我还没有亲眼见过祭拜这个的场面。这可能是和另一种被称为"诣hotoke"相同的东西，所以

---

① 在东北地区的岩手县。

听说在没有寺庙的村子，人们在办丧事的时候把这个挂出来祭拜。但是这个通常是由当地的名门老户保管的，这一点两者相同，因此应该放在一起考虑。还有"十月 botoke"。有人说那就是和"钩botoke"及"oshirabotoke"同样的东西。"oshira 大神"的忌日多为三月和九月的十六日。如果说"十月 botoke"是十月十五日的祭祀，还不如说江刺郡的参拜的"hotoke"更为接近。但在一年中按照惯例要举行若干次的祭祀中，有时候也需要临时增加信仰方面的仪式活动。像"oshirabotoke"，本来是在春秋季节的祭日举行的称为"horoku"或"与神游"的活动，应该由参加祭祖的女人和孩子们聚集在一起听巫女说唱有关祖灵起源传说的祭文、观看巫女跳的简单摆动手臂的舞蹈，和神一起度过快乐的一天。但是，在人们的生活中，有时会发生异常事件，临时需要问神以求指引，占卜求神的仪式便由此兴盛起来。当然，那些叫"itako"的职业的盲人女巫也是推手之一，由此也导致了原来的作为家庭内部的祭祀主体的嫡出长女们的信仰逐渐淡漠。即便如此，家庭里也还保留着一些简单古老的占卜和解释神意的方法。举例来说，以前要将棺材送到野外，出门后需要举行一个仪式以确定方位，走在最前面的人将这个 hotoke 棒①从眼前举

---

① 在桑木棒顶端包上一种特殊的布做成的神物。

起，边唱边搓转着，停下来的时候那个突出的"鼻子"所标识的方向就是墓地所在。因为没有人亲眼所见，所以也可能这只是个传说。不管怎样，一位"oshirasama"称为"kagibotoke"，如今通常是在木棍顶部做个突出的部分。在此之前，好像大都只是将木叉的一部分留下来，改成钩子的形状，又称为"钩殿"或"钩神"，人们将其旋转以占卜方位。这种仪式在东北已经逐渐半游戏化，并且渐渐地普及到全国，这是必须要考虑和正视的问题。自古以来，东北地区就和虾夷①地区相距很近，且受到北边阿伊努文化的影响。因此，相较于日本其他地方，东北的风俗习惯是显得有些不同，但是能证明这一点的证据极少。现在的东北地区，近世的外来移民占多数，他们非但不大接受新的生活文化的影响，而且也多保留了移民以前的东北以外的生活习惯。各个家门一族祭拜自己的神灵，这个在全国都一样。把木造的物象作为祭拜对象，也是古老的习俗。但是不同的只有一点，就是把木造的物象称为 hotoke 的，只有东北地区和九州的南部岛屿，且一直延续至今。

---

① 在日本古代史中，用以称呼那些在日本东北地区抵抗国家政权统治的人们。近世以后，逐渐指称北海道的阿伊努族人。

四十八　祭具和祭式

　　为了祭拜死者，在我国，一般用木来做神像等祭拜对象。因此，信佛的人们将祭拜的对象称为浮屠木。对这样的解释，可谓见仁见智。但是，我的看法是否定的。东北的 hotoke 不仅有塔形牌和牌位，还有和丧葬无关的东西，比如，他们会把根本不入佛家法眼的"oshira 神"这样的桑木偶人做成 hotoke。虽然有受到佛陀这样的外来语的影响的一面，但把 hotoke 称为佛，还是值得思考的，其实，这只是佛的一个别名。据最初的记载，hotoke 曾用过"蕃神""客神"等文字，由此可知它是被算为诸神之一的。与其说是一种别名，倒不如说是一种避讳用语。我认为使它和其他诸神对立、争长论短，有利于传教布道，由此这个词的用途便扩大开来。如果是这样的话，最开始两个完全不同的东西，比如无上觉者和阴曹地府游魂都被包括在内，也就不奇怪了。佛和亡灵都被称为 hotoke，以前是断然不可的，而现在我们不得不接受这个结果，这样的解释恐怕也站不住脚。人们一般用 hotoke 这个词称呼普通的亡人，是不可能带着轻看蔑视的心情的。原因也就是为了把食物从家里拿出来献祭，需要用"hotoki"这个陶制"行器"来盛放，所以就这么叫了。其实两者只有在这一点上是共通的。所谓众生皆可成佛，所以叫佛（hotoke），这真正是自欺欺人的解释。如果这样的话，还有必要每年举办超度孤鬼游魂的仪式，将它们送往极乐世界吗？

和上面的牵强附会的解释比起来，hotoki 这个词语被用来指称缶，除此之外别无他意，这更有说服力。一个词一旦被用在一个非同寻常、禁忌多多、又让人印象深刻的事情上时，意思就会受限制，就不容易被用于其他普通场合。类似的现象，从把佛称为"saraki"中也能看出。以前这也是被频繁使用的词语，如今变成了专属一位著名文人的雅号。这不仅让读者感到疑惑，也使这个词无法他用。将大佛称为"osaragi"，后来变成地名，虽然还没有别的例子，但是，从发音上说是明确无误的。由此可知，这个词是在建镰仓大佛之前，从指称陶器转而指称佛像的。因为"缶"和"瓹"都是器物，所以我想"ke"可能是其根本。将 hotoke 称为佛的情况，其实是将 ki 和 ke 颠倒了。不过这并不是有意为之，而是因为都可以通用。奈良县中部的一个地名写作"蛇穴"，被读作"saraki"。我曾说过那可能是陶器的产地。很多地方都把蛇盘曲的样子称作"saranina-ru"，这样子和捏制陶器的古老技法有相似之处。盘子和盆如今都是扁的，因为作为祭具的"sarake"也被用于盛放液体，用它盛淘洗过的大米或其他谷类，送去献祭的记录有很多。如果只有"hotoki"一个词的话，还可以说是偶然出现的同义词，但是"saraki"也指佛，瓮也是祭祀的名字。上述近代祭祀用的木制的行器的名字，同时也是用食物来供奉神灵们的祭祀行事的名称。所谓的盂兰盆并非是"urabunna"的一部分，而是从那天必须要用的器具中得出的名字。我的这个见解可能还有些不可靠，但是绝不是信马由缰的猜测。

四十九　不被祭奠的亡灵

　　我们现在可以回到"盆"祭的主题来，我要搞清楚的并不是那些物件的名称之类的小问题。"盆"、hokai 这些都不单是中世的新词，而是我们要在这里考察的先祖祭的一些外围作业。也有可能是这些习惯原本就有，后来受到佛教的影响，其中的这一部分就特别发达起来，从这个路径来逐渐搞清楚这个问题是有可能的。对今后我们人民的生活而言，这方面的知识是非常重要的。虽然很多词典对两者的区别没有解释，但祭和 hokai 意义完全不同。hokai 同时也是行器的名字，"盆"祭的时候，要把食物从家里拿到外边；而祭则在家中由远去的祖先和子孙们一起举行，既是欢聚，也是人神情感的沟通。此外，也有别的情况，在固定的时间和地点，按照古例举行仪式，迎接古老的神灵，祭主和其他献祭者也都是固定的。因此，在没有无数孤鬼游神悄然靠近、扰乱祭祀秩序的太平盛世，人们可以按照自己的意愿平稳地举行祭祀仪式。但是回顾历史，战乱的时代，被杀、饿死等死于非命者比比皆是，家破人亡、断绝香火的也不在少数。人们知道先祖必须有子孙祭奠，对于这些断了香火的亡灵必然心存恐惧。而国家和领主们，致力于让家业得到永续，一个措施就是要消除活着的人的不安。但是目的达成并不容易，于是只好仰仗佛教的力量，超度这些孤鬼游魂。然而，这个也并非轻易可以做到，由此使得我国本来的先祖祭祀，变得非常复杂，为了超度每年这个季节来的那些无人祭拜的亡灵，会另设"外棚""门棚""水棚"等祭坛，也要求必须在"先祖棚"的旁边设一个单独的祭坛，把供品分一部分过去。虽然墓地原本就是祭祀先祖的场所，但因在室外，难以明确区分内与外，因此尽管已经有了墓地这个合适的场所，人们仍会在自家里屋迎接先祖回来，如果不这么做的话，祭祀的重心就会转移到那些孤鬼游魂上。我想表达的是，这样的 hokai，流传到奥羽和四国的各地，遂成为"盆"这个名称的由来。

人们对死亡抱有恐惧，"盆"原本是为缓和这种恐惧而举行的仪式，但令人有些意外的是，这一祭祀活动的结果是进一步加深了人们对死亡的忌讳。祭奠魂灵被视作一种不吉利的仪式，不仅不能和新年并列，甚至有人感到惊讶，为何要将这个祭祀和传统的一年五个"节供"①并列？部分原因是人们有时会为那些新的魂灵，即死亡不久的魂灵的祭祀倾注过多的精力和情感，这也间接让人们知道了那些无主亡灵的可怕。在《合邦是辻》②这出净琉璃剧中，有这样的话：血缘关系越亲的亡灵越可怕。不知道其他地方有没有这样的俗信，但至少在日本原本是绝无此事的。因为某些地方人们会在墓地的周围建丧屋居住，会陪睡在尸体旁边，这个习俗至今还有零星的形式残留。另一方面，人们比从前更迷信，认为那些未被供养祭奠的 hokai 会加害这个世界。给农作物带来损失的干旱、暴风，水稻的虫害等，都被人们说成是这些亡灵所为。传染病中，"天花"神会化成老爷爷，老奶奶，或是年轻男女的样貌一个人行走，而瘟疫则一直被认为是一群恶灵所为。肠伤寒之所以在方言中被称为"bo"或"bou"，是因为带来这种疾病的神灵的名字就叫"bo 之神"或"bou 之神"。在东北地区，不久前还举办过送"bo 之神"的仪式。虽然它的汉字写作"暴"或"棒"之类，但实际上我认为这是"盆之神"，因为直到现在，日本各地

---

① 人日（正月七日）、上巳（三月三日）、端午（五月五日）、七夕（七月七日）、重阳（九月九日）。

② 又名《摄州合邦辻》，安永二年（1773）二月在大阪初演，作者菅专助、若竹笛躬。

的村庄都有叫"盆神"的祠堂。当人们觉得只作hokai还不够的时候，便会举行祭祀仪式或是作法驱赶，这也是盆舞最初的目的。

五十　新式"盆祭"的特征

　　日本是最重视祖先祭祀的民族，关于这一点，穗积陈重①先生已有相关著述，海外各国对此也有所了解。然而，由于日本对民间祭祀的现状一直缺乏详细调查，因此，一般认为，我们对那些人们认为是古老遗存的习惯，或者可以说是珍贵的历史资料的了解还是很不够。对外国人来讲，能了解这些总比一无所知要强，但作为日本国民，我们应该知之更多更深。因为这些对我们的生活是不可或缺的。我们现在赖以生存的社会是在那些古老习俗和知识的基础上成立的，而且我们的思考方式也受到这些习俗和知识的制约。但是实际上这个古老的习俗也是在漫长的岁月中一点点发生变化。从历史的角度看，它是与普通人生活密切相关的体验，也是我们今后前

———————

① 穗积陈重(1855—1926)，法学家，曾任东京大学教授。

进道路上必须面对的难关。简言之，它是我们国民业不可少的知识。我的说明是否能完全解决疑惑姑且不论，那种不清不楚的状态是不能容忍的。

虽然我们很难做到一眼看出古今的差别，但在这些祭祀活动当中，"盆"祭中包含的诸多变化，是最易懂的。对这些变化，日本人或多或少都有些各自的经验，也都抱有当时的真情实感。因此，如果从这个方面切入的话，由来不明的新年祭祀的源头，也有望得到破解。在这里，我再次将"盆"祭活动的新特征列举如下：

第一，为了祭奠"外精灵"①而做的 hokai，是否来自外来宗教还无从知晓，它作为"盆"祭的条件，也作为一种准备或是附加的仪式，在其他的祭典中渐渐变得不被需要，这是一种变化。因此，十六日黎明的送灵仪式，虽然很华美，但是，感觉这种仪式和家族表达对逝者的爱已经有了距离，所谓的忌日的意义变得让人难以理解。

第二，要为"荒忌"②之灵举行不同的祭祀的动机渐渐变得不一样，人们不让刚离世的人的死秽靠近已经纯净清明的"御灵祭"，这

---

① 无人供养的亡灵。
② 家中有近亲亡故还在服丧。

种心情现在还可以从"荒棚"①的构造上看出来。人们或是将这个祭坛设在屋檐的一端，或是特意用当年的新竹做成柱子，将其用绿叶包裹，尽可能做到区别于平常的"魂棚"，这样的例子为数不少。后来，我们将这一祭祀活动当成法事那样举行，开始借助亲戚故交的力量，所谓"新盆"②的祭祀方式也因此盛行开来。恐惧死亡是我们的弱点，但毫无疑问，这种恐惧之心也是佛门渗透的机会。另一方面，和对待那些孤鬼游魂不同，人们对自家的祖先，则抱有一种必须好好款待的心情，特别是对骨肉亲人寄托的无尽哀思，更是助长了这一风气的盛行。"盆"的季节本应是将灌溉、除草等辛劳抛开，静静等待稻花盛花期的一段愉快休息的时间，而因为祭祀，却变成了一个寂寞感伤的日子，这不仅仅是因为季节的缘故。可以说是在那一天光顾的重要的来访者中，夹杂了对现世恋恋不舍的亡魂，人们逐渐把他们当成这个祭的中心的结果。如果将忌和祭结合起来思考，这恐怕也是近世的一个变化。

---

① 为祭祀当年新亡故人搭建的祭坛。
② 初次迎接亡魂回家的"盆"祭。

五十一　第三十三年

　　以前根据情况，只有"荒忌"之灵是选择不同时间，由不同的人在别的地方供养的。我认为这个正好和刚有人亡故的初次祭祀的习惯相似。但是还没有确凿的证据证明这一点。只是从现在的祭祖供品的做法里，能看到人们尽力从正月祭祀中将其分离出去的倾向，或者说原本有两个不同的仪式，但到后来似乎只能看到其合并后的痕迹了。

　　我们关心的问题是，"荒忌"期间，人死后多少年，才能作为家庭的先祖而受到祭拜？两者在过去有明确的区别，但是如今已经逐渐模糊不清，从这一点来看，它可能是"盆"祭的第三个变化。

　　在重视传统的家庭，"新盆"祭奠当年过世的亲人，不可能一年就结束。第二年同样的时间，还是会搭一个同样的祭坛祭祀，形式上多少会简略一些，但是和平常年份的祭拜方式会有所不同。但是也有三周年忌①之后依然想要继续祭拜的情况。因此，我们也无法把三周年忌当作一个分界。即便有人把祭拜新过世的人和祭拜先祖的仪式放在一起，但是在"盆"的时候，浮现在人们脑海中的还是那些去世不久的亲人们。只要人们还怀念他们，这种祭祀就会相应地持续下去。把祭祀当年过世的亲人当作"盆"这个重要仪式的结果，就是追忆的对象自然会趋向和自己相近的死者，也就是晚近去世的人们。我觉得这也是和以前的先祖祭慢慢地变得不同的一点。

在奈良南部的吉野一带和大阪府南部的山村，"成为先祖"和我以前所介绍的有完全不同的意思。在这些地方，人亡故后一般过三十三年，也有少数地方是在四十九年或五十年的忌日，举行结束祭祀的最终法事。据说这一天亡故的人就变成了先祖。这样的做法，并不意味着把代代先祖合起来祭祀，三十三回祭之外的，如周年祭等的祭祀活动，还没有包含在这个地方的住民们的先祖的概念当中。北九州有的海岛上，人们认为三十三年的法事一过，人就变成神。土佐地区只有供奉御子神②的家主，可以把三十三年缩短到六

① 亡人过世第二周年的忌日，以去世当日计算为第一年忌。
② 在日本的中国地区、四国地区的神职家庭或酒坊等特别的门户中供奉的家神。

年或者三年。也就是说，通过祭祀，死灵带有的污秽完全被净化，进而可以作为神而受到祭拜。据说在神职和巫女等的家里，那样的信仰古已有之。把年祭结束的日子作为被祭祀者变成先祖的日子，与那样的信仰应该是有关系的。

三十三年忌的法事一过，在日本东北有将被祭祀者的位牌放到河里漂走的习俗，比这个习俗更能说明问题的是南方诸岛的例子，如果把那各地细微的异同比较来看，就更清楚了。首先在冲绳的本岛，他们相信以三十三年忌为界，人的灵魂就会变成"御神"。而那个叫"御灵前"的"先祖棚"，相当于我们一般所说的佛龛，在老户家中，在屋子上方和这个"御灵前"并排，还会有另一个供奉"御神"的祭坛。据说在举行三十三年忌的法事时，人们会把"御灵前"的位牌上的文字铲掉，把其摆放到旁边的那个祭坛里。"御灵前"的供品和给活人的食物并无二致，而供奉"御神"则是每年两次在麦稻祭时做专门的素斋。在喜界岛①把先祖称作"uyafuji"，在"盆"祭的时候祭祀"uyafuji"虽然是一样的，但三十三年之后，所有先祖会被一起供奉，而在三十三年以前，是每个亡人都有一份供品的。

总之，经过了一定的年月，祖灵抛弃其个性而融合成为一体，

---

① 在九州地区的鹿儿岛。

虽然这个结论在日本的中央地带还没找到证据，但至少三十三年在这里是一个重要的界线。在各地基本一致的是，在终祭的日子，要立一个与之前木牌形状不同的大的"塔婆"，在日本的四国或中国地区则仅仅是用四方形木柱，再往东走会用"叶附塔婆""梢附塔婆"或者"生塔婆"等，形状都是顶端使用留有枝丫的木头，很多和会津地区的"hotoke 棒"类似。树种是松、杉、杨桐、杨，各地都有定规，如果偶尔使用的树木带有树根，在甲州地区说这是死者投生转世的印记。在青森多用没有树叶和树枝而只有两个树杈的木头，也是说过了三十三年后，亡人又在某处转世投胎了。人们说立这样高高的木头是为了让子孙像树枝伸向天空一样繁盛。听说在信州的上伊那郡，有人说灵魂变成小鸟从这木头顶端飞升到天上，这或许是一种新的想象。死后是成为神，还是投胎转世，两者未必不能兼而有之。古人或许认为，人死后在一定时期内再没有出现在人间的灵，就会永远地变成祖神，守护着家或者国土。在三河①北设乐郡的山村里，有所谓的祖灵三十三年洗一次身体成为神的说法，他们有从河里捡回来一块枕石②，放在本姓氏神的供奉牌位旁的风俗。

---

① 在中部地区的爱知县。
② 放在死者枕头上的石头，通常在上面写了死者的法号，并被放在墓上。

总之，虽然这样的风俗到很久以后可能就不存在了，但是相当于年祭的吊唁仪式的灵魂祭拜，确是根植于我们民族中的固有信仰，这一点是我们以前没有想过的。

五十二 各家的"御灵棚"

"盆"祭的第四个变化是所谓"御先祖"这个民间说法，对其理解变得多样化。有人认为其原因是从字面意直接去理解其语义的人多起来的缘故。此外还有一点，"盆"祭的重点被放在为新进入"灵界"的亲人祈福上，这也是造成第四个变化的原因。虽然已不是一两年内刚刚过世不久的"新精灵"，但是亡人的音容宛在，后人们还是很难做到把他们当作"先祖"来祭拜。原本祭祀先祖的"先祖棚"这个名字家喻户晓，而现在虽然在某些地方还存在，但是感觉有些不协调了。"佛龛"也并不是经过认真思考才取的名称，有的家里在佛龛上安置一尊小佛像，也有的宗派讲究挂佛像的挂轴，把挂轴挂在正面的位置，把牌位摆在下面。其实很多场合当事人并没有很认真地思考，只是单纯地认为这里是祭奠自己家里的成佛的亡灵的地方，所以就称为佛龛。

这种误解发展到今天，结果产生了大家想不到的变化。那些不信佛教不皈依神道的家庭，不管摆放什么，都称为佛龛。祭的三十三年"终祭"仪式的"灵位"也和神一同排列，这些都是新近变化产生的结果。

这种感觉在不知不觉地影响人们，最近也出现了不祭奠父母的家庭。距离东京不远的农村，在"氏神社"的境内还有几处叫作"祖灵社"的小规模的石头搭建的神社。此地神道普及较早，很多家庭不再信佛。据说近年这样的小神社开始多起来。这些现象都是我们十分感兴趣的，现在同样的倾向和神道无关，其他的许多地方也能见到，前面提到的三河地区山村的枕石的例子也是其中之一，那些都仅限于摆脱了新亡故的死秽，得到净化的灵魂。然而这里的正相反，人们在亲人亡故半年或十个月后，即便丧亲之痛未愈，都认为亡故的亲人有可能成为神灵。试着问了他们为何那样恐惧，回答是因为家里没有佛龛，也找不到其他的地方来祭奠，所以只好如此。换言之，因为有佛龛这个名称，所以佛教的要素还是没有被完全废除，更进一步说，在佛教传入之前，日本人家中对去世的人们的灵魂祭祀，是将新近亡故的人与先祖区分开进行的，我们不应该忽略这个重要的特点。死秽是人所避之不及的，氏神更没有让人们欣然接受的道理。这就是事实上新近亡故的灵魂无处可去的理由。有这样观念的人们，不轻易改变他们的做法，我倒认为是理所当然的。

如果把佛龛改称为"先祖棚"的话，因为有新亡故的灵魂，所以就显得不合适。把更老的"mitama 棚"这个称呼用起来倒不错。但是这个词在漫长的岁月里，还是逐渐出现了意思上的差异，需要根据地区的不同，来订正某些用法。即便不作为正月中的禁忌语，把佛龛称作"mitama 神"的这种说法，现在还比较普遍。萨摩等地还将佛龛称为"神棚"，或许可能是因为其有别于普通的"神棚"。总之，它不是佛龛。在分家或者"隐居"的时候，出去的人会将其带走，但是"mitama 神"则一定要留在本家。另一个在东北的更明了的例子，是在盛冈附近的老户，除了"神棚"和佛龛外，还有一个专门祭祀叫作"mitama 神"的祖灵的祭坛。这样的风俗并不少见，只是我们不大注意而已。最近我刚知道，上州赤城山下的北橘村仍然有设第三个祭祀祖灵祭坛的老户。祭坛的位置和"神棚"相对，高度差不多，但是这个细节有待确认。从十二月的十三日的除尘清扫之后的晚上开始，就要在这个祭坛上给祖灵点灯。也许现在的供品是"饼"，但我想其新年的"mitama 祭"，会在这个祭坛举行。

五十三 灵 神[①]

"神"和"御灵"，现在已经被认为是两种相异的事物了。"神祇[②]之御灵"这个语汇虽早见于古老的文献中，但并不能由此就断定日本最初的状态便如是。观念反映的是人们心灵深处的感受，所以探讨其何时起源并非易事。我们至少可以将其看作是一个具有因果联系的先后阶段。其变化是依照条件循序推进的，也正因为它是人所设立的制度，所以从记录上就可大致得知其时代。其实，这也并非是非常古老的现象。

向死者的"灵魂"致敬，树立木柱木牌、奉献清净的祭品，这些祭祀行为并没有对特定的人设限。虽然这种祭祀的方式没有过

①　昭显灵验的神。
②　天神地祇的缩略语，天神指在天上诞生、从天而降的神灵；地祇指在地上的从天而降的天神的子孙。

任何变化，也只是凭据这个"灵"曾经是"人"这样的理由而将其作为神加以祭拜的，但在过去曾经比现在难得多。在神道发达的时期，去参拜与"氏神"或"产土神"①无关的别的地方的大神社，将自己的心愿托付给神灵的现象的出现，和将"人"尊拜为"神"的时期是基本重合的。这看起来也并非偶然。那些学者无法解释的众多小神灵，虽然有无数被遗忘在家的内外得不到供奉，但总体而言，至这一时代为止，"神"的地位越来越高，神和人之间的距离也越来越远了。

将人放入神社中加以祭祀，首先要赋予人"灵神"的称号，这是中古以来的习惯。原来"灵神"这个语汇并不具有那样的意义，但当其成为一种神灵的名号后，再进一步就能成为神的存在了，由此便比单单被称为"灵"或"御灵"的等级高了一些。在这里，古人完全想象不到的神灵系统的层级制就诞生了。

为数众多的实例中，著名的伊予地区②"和灵神"③的诞生④的

---

① "氏神"和"产土神"二者皆为出生地守护神的称谓。

② 在四国地区的爱媛县。

③ 原来作祟的神灵转换成降福的守护神，就变成了"和灵"。祭祀"和灵"的神社称为和灵神社。

④ 元和六年（1620）发生在爱媛县的宇和岛藩的事件，参见下页注释一。

例子，非常贴切地表达了这个时代的思想。主人公山家清兵卫①是正义之士，他抱冤含恨而死，死后过百年，其怨灵便大肆作祟，地方民众恐惧之余，将其以"灵神"之名加以祭祀，但是似乎未能平息其愤怒，也未能显示其温厚之德泽。于是人们又以"大明神"②的神号加以供奉，奠定了现在广泛的信仰基础。

但是上述神灵层级的思考方式，多数人并未留意此差别，大家只是按照习惯祭拜而已。例如，关西有"和灵大神明"，关东有"佐仓的宗吾"③，就显灵的形式而言相当相似，但祭祀宗吾的场所现在也被称为"灵堂"，因为其没有被列入神社的系列中，且作祟的力量非常强大，故人们对其神力的信赖也随之增强。这是双方完全相同的地方。如此说来，还有"御灵""今宫"或"若宫"④这样的称呼，很明显将人作为神祭祀的例子还有许多，其中的一部分作为神社得到公认，剩下的一部分还属于各家中的私祭，处于"神"或"灵神"

---

① 山家清兵卫是日本幕府末期宫城县仙台市的下级武士，因其被暗杀后出现政变、地震等不祥之事，人们为镇其怒而将其奉为神。

② 《日本书纪》中有明神之称，指现世现身之神，用来尊称天皇。镰仓时代之后用作神的尊称，后来有大明神之称。

③ 江户时代千叶县下总佐仓藩的义民，生殁年不详。也有说是惣五郎，为课税之苦揭竿而起，后被将军处以极刑，之后受到佐仓藩地方的祭祀。

④ "御灵""今宫""若宫"原本都是祭祀神灵的神社，这里指灵神。

很难判定的状态之中。今后如果这些民间的事实大体上全部为世人所知晓的话，我国的神社制度便可确立，但现在不管怎样，细微之中仍不可避免地存在界限未明的部分。特别是名称，有三种情况：第一种是自然而然生成的，第二种是不假思索接受外来的，第三种是内容变了但外形依旧的。这三种情况混在一起，也妨碍着我们的理解。事物的发展很少有从复杂到简单的。我们宁愿相信早期的信仰形态更为单纯，这里的"神龛"和"御灵棚"之间的对立，或许就是证据。

五十四　指定祭祀场所的方式

　　还有大问题有待解决，虽然一时很难说明，但家中祭祀的话题还是必须提。所谓的"神棚""魂棚"中"棚"的起源，我想就是为了在家中祭祀而设置的一个洁净场所，如同在屋外的祭祀中铺上沙子、堆上土一样。关东地区东部现在还规范严整地举行各个村落的春祭，一般被称为"步射"或"御步射"的"日待"①，参加者轮流提供自己家里的用品，把一种所谓"打板"②的宽木板铺在地上，所有的供品和装饰物都放在上面。

　　在东京郊外神社里举行临时的祈愿祭的时候，常见的是建造一个小一点的木台，四个角用树枝吊起，在上面摆放供品。还有用稻

---

　　①　从前夜开始慎重行洁斋祭拜以等待日出，一般是终夜不寐而会食酒宴到天亮。

　　②　地上坐时铺的方块厚板。

草来制作被称为"sanbayashi"①的，很像米袋上圆盖的东西，将其用于祭祀的，也被认为是简略方式之一。但是这种祭祀活动如果是在家屋外进行的话，要在很早以前便定好祭祀场所，平时不得使用。实际上，很多农家是在院子的一角摆放石界，栽种楸树，以此确定祭祀场所的。不过，在家中进行祭祀的情况下，无论如何，必须用那些并不经常使用的板，将这一部分加以覆盖。随着建筑技术的进步，这种祭祀场所逐渐演变成使用常设的"棚"了。

考虑到以前民居的简单结构，祭祀祖先的场所多数是在外边的，或者说至少有一段时期，祭坛放在内外都是可以的。冬夜的"忌笼"②，或祭祀所伴随的才艺和相扑表演，以及祭祀结束后的酒宴等场合，用时较长，为了御寒，在屋内举行仪式也是有的。不过，严格执行各种禁忌期间，也会有各种各样的限制和不便。实际上，在农村很多地方，现在家里还会有一间祭祀神灵的房间，禁止成年女性进入。又或者祭坛设在主人的主座的背后，女性不允许从这个主座后面走。对于"床之间"③的各种礼仪规范，如果我们把它

---

① 作为神座或神馔的容器，正月时作为年神的币束或盛放镜饼时使用。
② 指祭日或丧事期间，在家不外出，沐浴，守斋戒等。
③ 将地板一段加高，正面的壁上挂书画等，床板上置放物品、花瓶等装饰物。

看作是神灵所宿之处，就会欣然接受而不以为奇了。那些室外被指定为祭祀场所的地方，一般都会被认为是"按老规矩就是那里"。但是单凭屋内还是屋外，是无法推测出所祭之神的地位高低的，特别是基本不可能弄清是哪个级别。"氏神"原本是指一族之先祖①，前人对此也屡屡有所说明，这不仅有明显的实例，而且现在仍有很多人认为自己的氏神就是先祖变的。但是现在也有些相反的证据出现，所以这也成了日本的固有信仰中最难解释的问题了。只要不把"神道"仅仅看作是过去的事物，我们就还是应该尽可能从这个方面对此加以解释。

第一个疑问是，只要家中有"先祖棚"，那么祭祀先祖便是一般的习惯，这与氏神的神社祭祀是否是重复的。对此，我的解释是，"氏"随着繁荣不断产生分支，将其归于一统的力量也逐渐松弛衰退，并逐渐消亡。另一方面，分出去的小家别号各自把那个第一代之后的世代作为先祖来祭祀。这种观念，依照那些立志"成为先祖"的人们的意志确立起来，也绝不是不可能的。换言之，本家的嫡系

---

① 日语的"氏"或"氏人"的概念，不同于"氏族"或 clan（宗族）的概念，指的是具有同一血缘的家庭组成的集合。此处的意思是，氏神原本是具有血缘关系的人祭祀的祖先神，现在在日本，更多可见的氏神是居住于同一村落或地域的人共同祭祀的神道的神。

全都绝后的话，人们就会放弃一味地固执本家特权的消极的做法，积极去寻找取而代之的方法，事实上，方法很多。现在有的家族衰退，有的子孙不肖，导致香火衰微，唯独氏神的神社仍受到国家的保护，所以氏神和家共存亡的现象已经越来越少了。

五十五　村落的氏神

　　这里产生了第二个疑问。虽然说是氏神，是否有数个不同姓氏的家系联合起来奉祀一个氏神呢？虽然名字是"氏神"，但是现在有不少人觉得其意义已经发生了变化。语言是因时而变的，所以这种情况并非不存在，大多数村落的氏神的历史还是很明晰的，实际上又如甲信地方的"斋神"①那样，每一个"卷"祭祀各自的神，将其称为氏神的地方，在日本各地比比皆是。几个不同的"家神"，最后联合成一体，这种情况有很多是可以找到蛛丝马迹的。事实上，我想用"共同祭祀"来表述更恰当，也就是说，不同的家神在同一天、同一场所配享祭祀活动，以至于慢慢地，人们在感觉上认为家神是一个神。此外，产生这种现象的动因还有一个，就是人们想要让祭祀

_____

　　①　同族神、家神的总称。

"变得更盛大更快乐"。

村中有两个以上家系的人，他们之间来往通婚等，也自然存在门第的等差。共同祭祀的场所，通常会选择那些地位高些的家，祭祀的时间一开始也会选择相互接近的日子。此外，也有大家商量占卜择地建社殿的情况，但相比于此，更多的还是已经拥有设施，能够举行近世风格的祭祀仪式。对其他的小的氏神，则临时搭建"假屋"①，或者在露天树立"币束"②，或者采用古老的、朴素简单的祭祀方式。不管怎么说，到这里算是一个转折点，以前的祭祀是对一个接一个的神的不断追加，继而转变为各家的"先祖棚"祭祀，两者的差别就变得显而易见了。

此外，人们认为现在的氏神不是"氏之神"的原因，是因为有"御社"之名，即八幡、北野、贺茂、春日等供奉国内的"大神"的"氏神社"，这样的为数众多的例子与真正意义上的氏神并无关联。这个现象应该如何解释呢？本来家庭的氏神，即同一族之间每年举行敬祭活动就已经存在了，不一定是在设置村落的共同神社的时候才开始的。以我的理解，我们的氏神原来和人更近，生前敬仰各自

---

① 临时搭建的小屋。
② 用麻布条或切好的叠纸片串起来挂在细长直柱上，奉献给神。

领域内的大神，有事时祈愿，平时也抱有崇敬信仰之心，也就是说，我们的氏神认识到自己的力量尚且有限，不以广泛的国民的一般信仰作为后盾，就无法实现保佑子孙的理想，这是从其生前就感知到的结果。这可以说是我们日本民族固有的观念，至少可以说是遥远的上古的统一政策逐渐得以奏效的结果。近来的合祭，因为相互协调不够，毫无必要地一一列举神的名号，其实只要称"此处是某姓氏的祭礼的八幡神"，或是"某地的天神、稻荷神"，参加的是何人的"灵"，便非常明了了。不然，如此受万人共同敬拜的大神，是绝不会被称为"氏神"的。

很多氏神社，公认的祭主的家庭没落，或协助祭主的祭祀团体"座众"①解体了，就需要外边的神职人员来服务，这些人因为没有机会思考"镇守"②和"氏神"在起源上的区别，所以就只有日本中心的这个区域③。如今，我们确实是以与最初意义不同的方式使用着"氏神"这个语汇。不过，我的这本书的目的并非要订正这一点。这里只是想说明，人们为了严格地区分死秽等不洁之物，于是选择在屋外确定一处清净高洁之地，来完成祭祀先祖的仪式。如今国内的

---

① 此处"座"是氏子集团的祭祀组织。
② 地方的守护神。
③ 以京都为中心的地区。

超过十万的神社，大多由此而起。这个和各家家里的"神龛""祖灵棚"，应该是一个体系的产物。而"氏神社"是逐渐从家庭信仰中脱离出来，产生了更多需求的结果。这仅仅是我的一个推测，尚需证明。但是我确信今天这样的复杂的信仰的仪式活动，以及重复多样的设施，是逐渐变化的产物，而绝非是远古就有的。

五十六　墓地即祭祀场所

　　接下来的话题与预定的顺序稍微不同，本节要讨论的问题是，墓地是另一种屋外的祭祀场所，这里与氏神绝无神佛的差别，原本是为了祭祀新近亡故的容易作祟的亡灵而设的，是人们出于内心对"先祖之神"的崇敬而有意识地做出的隔离措施。死后的我们去往何方？灵魂平时留居何处？即使这个问题无法回答，但至少需要了解前人的观念。如今这已经不是一个无足轻重的问题，它在潜移默化地影响我们的行动。围绕这个问题的观念，自然是随着时代而变迁的。哪些最普遍，哪些更古老，要说清楚并不容易。除了那些对此问题毫无兴趣的人以外，日本的新观念是会眼光朝向墓地、朝向地下的。由此产生并助长了以"盆"祭的迎魂①仪式为中心，由墓地将

----

　　①　迎接精灵回家。

灵魂接回家的习惯。其实在过去，把地下看作阴间的观念在典籍中就有例证。也有人想象亡灵还是保持生前的姿态，藏于隐秘之处，就像到了一个永久的归宿。实际上，日本的"墓所"一词，并不是指遗体的埋葬之地，可能说法未必准确，我们的调查团将此风习称为"两墓制"①，也就是说，有两个墓，一个是叫"埋葬墓"、"上墓"或"弃墓"②的地方，多数是山的深处或原野的尽头，或者人迹罕至的海边，尸体送到那样的地方被埋葬后，往往最后都变得无法辨识，也有地方的人认为最终找不到这样最好。与此相对，还有一个叫"参拜墓""祭奠墓"③，或者称为"内墓""寺墓"的墓，多数是设置在寺庙里，从形制上也设计的便于祭拜。

将遗骸永久保存的习惯，确实在一部分上流阶层存在过，但在民间不存在，且勒石纪念之风也不普及，所以，中古以前的一般人

----

① 两墓制，据柳田监修的《民俗学辞典》所记：埋葬了死者遗骸的墓穴永远作为其祭祀的场所，这是现在的一般习俗。但与此相反，也有比较早地抛弃了这个墓穴而另找祭祀其灵的场所的习俗。这种把墓地遗弃而重新设置灵的祭祀场所，也就是说同时拥有第一次墓地和第二次墓地的制度，被统称为"两墓制"。据后来逐渐增多的调查报告显示，在日本全国土(冲绳除外)，这种两墓制的分布共有60多处，主要见于近畿地方和中部地方。

② 皆指埋葬了死者的坟墓。弃墓指相对于活着的人而言，该墓没有人祭扫，被遗弃了。

③ 有别于埋葬死者的"埋墓"，为了供养灵，人们会在离埋墓有一定距离的近处另修的墓，扫墓和祭祀在此处，所以称为"参拜墓"和"祭奠墓"。

的埋葬地，都没有明显的标志。在所谓的两墓制普及前后，存在两种单墓制，与此相对。其中之一是只埋葬而不立碑，这种情况可能栽树或置石以标示，等到记着这些标示的人们去世时，这些场所自然也就被遗忘了。使用千年以上的京都四周的所谓"五三昧"①，便是这样的墓。这么小的地方也能够用的理由是，人们并不忌讳肉体的消失，反而认为肉体的消失会带来灵魂的自由。这样的观念导致了人们对尸体保存和墓地的轻视。

尸体埋葬方法的变化大概主要是从新都市，或以不断需要新劳动力加入的生产地区为中心开始的。这些地方最初并没有共同的墓地，尸体都埋葬在各家私有地的专用墓地里。这第二种单墓制，从结果来看，反而是对土地极大的浪费。年代没过多久，就呈现出混乱的局面，也使得我们祭祀先祖的方式逐渐变得模糊不清。同样在关东地区的平原地带，如今有的村落仍然会在墓前设置一个简单的祭坛，盂兰盆时人们会前往祭扫，而东京等地却认为"盆"期间，墓地应该是清净的，故无人祭扫。

祭祀场所渐渐向家中转移，可以看作是重视祭祀的人之常情。把墓地当作祖灵所宿之所的话，举行迎接祖灵到来的十三日祭，十

---

① 平安末期著名的五处火葬场、墓场。

六日早上以"盆"送灵，而不去墓场祭扫，就变得顺理成章了。石塔则是另一种古老的灵位，"盆"原来是将祖灵迎到这里祭祀的，后来演变成在家的附近祭祀，石塔便渐渐失去作用。从外来文化影响的角度看，在埋葬地祭祀应该不是日本本土的习惯，墓碑原本不是坟墓，将墓碑和坟墓合为一体的做法是偶然兴起的，古老的埋葬方式不知道为何使人感到有些不够恭敬，而日本的孝子孝女们对墓的态度，也接近中国的观念了。于是过去那种抱有尽可能早地从对死的联想中摆脱出来，以清净安详的心态面对祖灵的态度的人越来越少。"氏神"和"先祖"之间有难以逾越的鸿沟，或者其间需要经过几个阶段才能转变。而氏神的"眷顾"为何仅仅集中于氏子①，能对此加以说明的人越来越少。

---

① 受到土地神护佑的本地的人们。

五十七　将祖灵孤独化

　　日本本土的和外部传入的两种信仰有难以调和的部分，一个是畏惧新亡灵的死秽，希望尽快净化，使之在阴阳之间自由来往。与此相对，佛教的僧侣法师们自初始便超越了上述对死秽等的局限，承接了超度新亡灵的责任，从而打消了我们的不安和恐惧，由此得以在日本扎根并持续了上百年。对佛式供养的最大期待，是将人送到净土，但是由此产生的生死隔绝，未必是我们日本人所希望的终结。即使在佛法繁盛的时代，也还是有很多留恋现世的人，这就是我们日本人的一大特征。将这些恋世者一概置于迷惘的执念的名下，并不现实。祭祀亡灵到第三十三年终结，可能是两种生死观让步的结果，过去可能会更短一点时间就结束祭祀，不过现在大家都认为三十三年是个非常合适的时间节点，从那之后，亡灵就脱去了人所带有的个体特征，融入一个强有力的祖灵的集合体中，自由自在地护佑家国。我认为，这就是我们日本"氏神信仰的根本"。自古以来，佛法在充分理解我们民族固有观念的基础上，实现了与日本本土习俗的调和，但是也不可避免地产生了一些分歧。佛教虽然对村落的氏神祭典给予了尊重，但是对各家的祖先祭祀或墓地的管理施加了很大的影响。尤其是在厚待新近亡故的、与自己关系亲密的死者这一点上，因为符合人之常情，故而很容易为人们所接受。对于古老的事物，我们本来所知甚少，而这些漠然的记忆，渐渐地又被缩短集中到父母、祖父母这些身边的人身上，这种从自己开始缩短自家历史的做法，对过去、对未来都无益处。祭祀从故乡山岭上降临而来的先祖，说明我们日本人一直认为，先祖每年会回到我们的身边。更大的问题是，当我们立碑祭祀具体的个人时，如果家中出现了有辉煌业绩的人，将他的事迹勒石纪念，的确可以起到激励子孙的作用，但是，过于突出这个人的话，会导致忽略其他先祖，甚至使他们变成无人祭奠的孤鬼游魂。本来所有的人在世的时候，都一起同甘苦、共患难，但是亡故之后，却被区别对待，被分出贵贱高下。历史就是这样无情。然而，在各个家庭里，除了万人仰慕的英雄豪杰，那些默默无闻的逝去的亲人中，也有很多令人怀念敬仰的先祖。

如上所述，墓碑原来是和"埋葬墓"相独立的祭祀贵人之灵的场所，一般人也被允许建墓还是新近的事情，政府并没有明文规定，人们自己竞相建造墓，估计是明治以后的事。我记得原本大多一家只有一个"祖先代代之墓"，日清战争①是那个时代的重大事件，从那时开始，人们为阵亡的年轻人树立墓碑。这种刻着个人名字的墓碑在各村的十字路口等处大量出现，成为为个人建墓立碑的开端。后来有财力的人家开始竞相追随，这或许应该是在土地允许的范围内值得鼓励的行为。事实上，我们的"先祖祭"，是将所有人的亡灵都包括在内的。所以，绝不能说，我们的祭祀传统忽略了那些无名的魂灵。家系断绝产生无人供养的"灵"，这样的现象仅靠个人的力量是无法杜绝的。但是，只要"家"得以存立，时间再久"灵"也不会被遗忘，这个信念在日本人心中原本就存在。关于这一点，比起我国的神道，佛教更多偏向于从人们现实生活出发。我们日本已有三千多年的历史，还将继续延续下去，这意味着向广大日本国民表明我们的子孙会绵绵不绝。但是仅仅依据有限的记忆来祭祀先祖，就很难实现国家民族历时概念上的统一。虽然不能说佛教完全忽视了这一点，至少从"盆"和墓地的祭祀方式看来，佛教的重点没有放在此处。

---

① 甲午中日战争。

五十八　无意识传承

　　"盆"祭受到佛教影响而发生了明显的变化，但是，现在流行而且复杂的仪式背后，还保留着日本本土若干古老的习俗。我们将书本中的常识和学者的观点姑且放在一边，务必首先寻求在老人、女性和孩子之中流传的东西，因为我们的目标是过去的遗存，即无意识的传承，是在现今的普通教育制度下最早消失了的东西。正因为它是那些与此相关的散乱的、与文字无缘的资料，在那些识文断字的人们看来，这些事情无关宏旨而且是土里土气的。但是，正是这样，反而得以保存其古老的原貌。村民们通常也只是把这个当作本村独特的习俗。但是，我们一旦将这个和其他地方的例子相比较，便可以发现文化史上不可忽视的重要事实。

　　比如，"盆"的时候，人们会设立祭奠当年亡故者的祭坛，且将其装饰得非常华丽，这其中有一些稀松平常的事情，可以用来说明问题。比如，对大多数父母、儿女和兄弟都健康、近来没什么不幸的家庭来说，祭先祖是一件充满期待的快乐的事情。为了这个日子，要准备食物，打扫卫生，制作新的盛装；还要训诫孩子不要捕捉蜻蜓和蚂蚱，不吵架，不哭闹。很多家庭都会告诉孩子上面那些不能做的事情，因为这些都是"盆"的神灵所讨厌的。另外，"盆"时要停止工作，这个不单单是一种休息，也是一种守戒的行为。饲养牛马的家庭也要早早地准备好草料，"盆"期间不能外出割草，据说是怕伤及祖灵的脚，有人说实际上在十三日的迎接祖灵的前几天，祖灵就已经到了附近。如此说来，就有"割盆草"或"造盆道"的说法。大抵是七日或在这之前，村民们一同把下山的一段小路打扫干净，并除草，还要把墓地的杂草也清理掉。由此可知，人们认为，从山的高处到墓地这一段是祖灵往来之路，需要清理干净。

在前面，我将七月十一日的"采盆花"①的仪式，与正月的"迎松"②相互对照做了分析。原本祖灵到达的日期可能稍微早一点，十五日黄昏点燃的松火以外，还会有确认此事的前兆。大家都知道，京都松原的珍皇寺等用罗汉松的小枝来迎接祖灵，将其放在家

---

① 参见本书"二十一"。
② 从山野中采来用于正月装饰的松树。

的井里过夜休息。也有的地方日期不同，如稻荷山的验木、爱宕山的檵树，或是津轻岩木山的松枝，从"灵山"迎来神灵的方式都非常相似。有的时代，人们还会把桔梗紫色的花蕾、粟花黄色的花穗想象成祖灵所宿之所。更特别的，是在九州南端的乡村，有在"盆市"①时外出迎祖灵的风俗。人们向市街上熟稔的店铺借一个角落，"盆"用的东西买好了以后，举行一个简单上酒仪式，接着从这个地方迎接祖灵，将他们引入各家的"精灵部屋"。这些仪式仅限于所谓的"nizero"，也就是新亡灵的场合。东北南部的八户附近仍残留着年终岁末出来到诘町②迎接"御灵"的习惯。祖灵是在固定日期到访的，这一点各地相同，只有迎灵的做法是与时俱进的。其中，特别是在集市迎接祖灵这一点，我想今后的研究者会感兴趣。

---

① 从旧历七月十二日夜到十三日早上期间出售盂兰盆用的草花等各种商品的市场。

② 年终岁末最后的集市。

五十九　迎神火与送神火

　　"盆"的十三日的迎魂仪式，很多和佛教并无关系。第一，傍晚的迎神火①的点燃处，通常是先在参墓②的墓碑前烧，然后将火移到灯笼里迎取过来。城镇或离墓地不远的家很多也只是在家门口烧，也有从家附近的十字路口或小河岸边，点燃了迎回自家的。更引人注目的是，村内的村民经过商议，会固定一处附近的山丘，登上山丘点燃大火，因为如今这是孩子们负责的事，所以他们被允许手持小松明，或挥舞或投掷，或高声叫嚷，如此，这部分仪式已经成为游戏。在此仪式之外，人们还会另外在门前或墓地前点火。因为尚有实例可见，所以不难想象这曾经是成年人认真的做法。切笼

---

①　盂兰盆第一天傍晚为迎接祖灵而焚烧的火。
②　前文提到的有别于埋墓，专为祭祀用的墓。

或岐阜县提灯①普及以前，人们是在竹竿头挂起高灯笼②，或者点起柱松明③，但这些都是后来才有的做法。在此之前，仅仅点起盛大的火焰，就是"盆"和正月的祭祀活动的中心。火焰照耀夜空，从远处眺望到这美景的人们，很自然地将其认为这是先祖归来的路标。不过，原来人们的观念，是祖灵在燃起大火之前更早些时候就已经回来了。总而言之，现在火焰燃烧起来时，现场的人们意气昂扬，最朴素的"招魂词"多数是借小儿之口，就这样口口相传唱起来了。

诹访④一带在盂兰盆的六日的晚上已经点燃此火，小儿之类的称之为"kiyarannou"。我想这是"来吧，祖灵"的方言，当地人也有唱作"来啊，nonnou"的。在岛根、岛取二县的农村，盂兰盆的祖灵被称为"konakare"，毋庸置疑这来自"迎神火送神火"的请神歌。现今，人们仍在十三日时到墓地火河边点燃火焰，且反复吟唱："盂兰盆、盂兰盆、迎神火、送神火。"同样的请神歌，在日本海沿岸更

① 盂兰盆时供奉于佛前的切子灯笼和岐阜县特产的灯笼。
② 在初盆的家中，在院里树起十字型的木架或竹架，上面吊上灯笼。
③ 用成捆的枯松枝点燃的高达数米的大松明，京都附近较多。
④ 在中部地区的长野县。

北的秋田到津轻一带很早就广为流行了。宽政①年间的《奥民图汇》②，描绘了弘前一带的民俗。

七月十三日的先祖祭，叫作 hokai，每家在门口点燃樟木和樱花树树皮，焚烧时要唱：

老爷爷，老奶奶，乘着小牛呀小马呀，一定要来呀，
一定要来呀。

差不多20年后的《秋田风俗问状答》③中，记录了当时的童谣：

老爷爷，老奶奶，乘着马儿，乘着牛儿，一定要到明
亮的地方来。

十六日点燃送神火时，当然要说"请回吧"。几百年后的今天，孩童们仍传唱着大致相同的歌词。信州北部各地也仅是在其基础上

---

① 江户时期。
② 弘前藩士比良野贞彦（？—1798 年）所著，描绘了当时津轻一带的庶民生活，由内阁文库库藏。
③ 正确应为《出羽国秋田领风俗问状答》。江户时代后期，为了了解诸国的风俗习惯而由幕府发布的问卷调查。

替换了少数方言词，这唱词直到最近还流传着：

　　　老爷爷，老奶奶，随此火回去吧。

　　十六日时只在"请回去"的文句上不同而已。如上总①地区的君津郡的例子则是，"老爷爷，老奶奶，点亮此火，请来喝茶吧"。

　　这些并非只是少数孩童的随性之作，村中每年的"盆"时，这些歌声都会不断重复，年幼者学习，年长者回想，这个习俗对自古以来日本农民的心性产生了巨大的影响。

---

　　①　在关东地区的千叶县。

六十　童言之奥义

看了上述内容，想起自己的家乡有类似的做法的人一定不少，打动我们的，是"列祖列宗""先祖之灵"以及其他称呼，在"盆"时回家的，都是孩子们最亲近和最怀念的人，这样的做法，也是长辈们熟虑的结果。"老爷爷、老奶奶"的称呼并不是指一对老夫妇。因为在逝去的先祖中，有英年早逝的，也有孤独终老者，用一个简单的称呼指称他们，这种做法是让孩子们最感温馨安宁的。在很早以前还没有"爷爷、奶奶"那样的称呼的时候，也肯定会有相应的叫法，现在的叫法只是随着时代的变迁而变化的结果而已。孩子们没有必要回忆每一个先祖、每一天的音容笑貌。如果这样做了，反而会导致厚此薄彼的结果。只不过他们中的大多数，在现实生活中祖父母都还在世，思虑较深的人，会对用同样的名称称呼已经逝去的先祖产生顾虑。

关东各处，把唯有"盆"时来的祖灵称为"non' nojii"或"non' noba' a"。这个叫法应该是为了与还健在的爷爷奶奶相区别而生成的新词汇，只不过为何要如此称呼，已经不清楚了，今后也不会扩散。"nonno"这个词，可以认为是在指称"日月""神佛"的"nono"一语的基础上，附加"参拜"的意义而形成的。以前确实多用"nounou"作为呼唤用语，而现在需要新呼唤语，特别是有些人只是在祈求神佛的情况下才使用。也有人认为这个说法是"南无"这个词的童语形式，实际上有的家庭将佛龛称为"nanmai"或"manman"等，不过这些与"nonno"可能无关，后者与现今的"哎"这类的唤起对方注意的语气词类似，我想是儿童和妇人用得多些。也有方言将法师称为"nonno"，从信州到越后一带的地方则是用此词来称呼巫女、比丘尼或下级的神职人员。我推测，这种称呼可能是曾经在"盆"时对先祖称呼"naunau"的残留。

单以老爷爷、老奶奶之名来称呼，就像和他们面对面地搭话，原先是如此的。最近，这与"迎神火、送神火"同样，让孩子来说的话，旁人可能只能听听了。我所熟知的中部地区有一个地方，在一个人的少年时期，每年在十三日的日暮时，会在墓前点起火，然后这个人移至提灯前，将手背到背后，并念叨着"老爷爷、老奶奶，走吧"，模仿真的如背着人那样。也有人模仿得更真，会在墓前捡一块儿小石头，用手拿着，做出背东西的样子带回来。此外，稍远的村中，有的老人会在每年的"盆"时，制作新的绳子，将其搭在肩上去扫墓。当被问起这是在做什么的时候，他们的回答是，将祖灵背回家。据说以前对神也那样做过，但不论怎么说，这里只对先祖还保留着这种做法。

我还听说有的武士家出身的老主妇，直到明治中期，仍在"盆"的"魂祭"日，穿上黑色的正装，在门口的式台①上坐着，简直就像是在迎接活人那样，郑重地寒暄："招待不周请多原谅，感谢大驾光临，明年也在此等候您的到来。"没人会期待得到谁的回答，这只是一种代代相传的仪式。其传承方式与现今的教育不同，并不是教给学生"要这样说，要这样想"，而是身体力行。我家也是这样，一家之主穿上和服正装，在大门口迎送。有人将这种行为称为"形式"或"虚礼"，这样说的人忘记了这是一种让孩子们思考自己民族过去的机会。所谓"足洗水"②，是人们在走廊里放个新盆，然后装上水，或者是预先放好草鞋。年迈的人大多会在这个时候，回忆起自己和祖父母在一起时的往事，继而，又想象现在的子孙们也会成为自己现在这个样子的情景。

---

① 为迎接来客而设置于门前的、比地板稍低一阶的台基。
② 七月十三日盂兰盆的迎灵时放在院子里的水。

六十一 自然的体验

前面我曾经提到过，"成为先祖"这句话，有两种略微不同的理解，寻根究底的话，两者有一个共同点，就是人们都希望在"盆"的时候能够回来、悠闲自在地度过家中的快乐时光。在过去，"盆"和正月这两次，或者是春分秋分彼岸的中日①，我想一定是有一个固定的日子的。不管日子如何决定，先祖一定会回来，和子孙们共度一段时光。对那些根本不信鬼神，或者怀疑这些是否有事实依据的人来说，这个观念是非常重要的。我们日本人无论什么时代，都相信先祖的存在，今天抱有这种信仰的人依然很多。这种信仰根深蒂固的原因在于它不是来自外部的灌输，而是从小与父母或祖父母共同生活得来的自然体验。人在年轻的时候，往往对此半信半疑，而

①　彼岸 7 日中间的那一日，春和秋即相当于春分和秋分。

上了年纪之后自然会考虑身后之事。这时候大概会回想起自己小时候见到的前人的仪式或听到的所说的话，进而逐渐接受，不断延续着每年的法事。因为人们本来就把这个当作生活的希望，换言之，这信仰是通过人的一生在家中养成的。"没有证据""连影子都没有"这样的说法，皆是由于不信所至。而如果以这种信仰为基础，就可以找到无数证据。

有一个传说，人们谁都认为是自己家乡特有的，这个传说从北边秋田县的八郎湖畔到南边鹿儿岛县的一个离岛为止的十几处土地上，都有分布。我知道这个事情时，非常吃惊。传说的内容是说以前有对勤劳的年轻夫妇，"盆"的时候也不休息，他们到田里去干活时，听到有说话的声音，却看不到说话人的身影。"好不容易回来一趟，家里什么也没有准备。气急了所以把他打下来了。"这对夫妇听到这，猛然一想害怕起来，急忙赶回家看，结果是小孩掉到炉子里受伤了。这个传说情节简单，所以传播它的人并不多，即便如此，各地都有类似的传说。还有一则是说，有人受到以前示爱过的人的"灵"的邀请，到这家的祭祀现场去。听到主人严厉斥责佣人，幽灵说"哎呀，真讨厌"，然后就走了。这个人被丢在现场，结果现了原形①。诸如此类的传说，

———————————

① 原文如此，意义不明。

不仅是一些地方采集到的乡间野话，古文献《日本灵异记》①中也有类似的记载，不过时间是在十二月除夕祭祀的时候，中国现代也有类似这样的传说②。保持家的太平与洁净，是迎接、祭祀祖灵的重要条件，古人们通常是以这样具体的方式来铭记祖灵的。这些事情听起来稀奇，但是对今后要长大成人的孩子们来说，可以培养其家之永续的观念。

----

① 平安初期成书的佛教故事集。

② 《日本灵异记》是景戒（生殁年不详）作于平安时代的佛教故事集。此处的是典故是其上卷第一二所记，被人或牲畜践踏的骸骼，受救赎的灵现身给予现世报应的事。原文所说的是在除夕的魂祭祭拜时去世的弟弟的灵魂时，家人突然看到灵魂显现的故事。中国也有类似的枯骨报恩型的民间故事。

六十二　黄泉①思想

　　每个民族都有关于灵魂去往何处的思考，我甚至认为，这可以作为民族区分的标志之一。只是在发达国家，有关灵魂去往何处的新旧观念混杂交错，导致了一种混沌状态，将其区分开来殊为不易。而且，要厘清"哪个是真实的，哪个是最正确的"绝非是几个人便能完成的工作。试图对这个"天问"做出解答者，大多是以所谓"学理分析"为出发点的。

　　我们为了解答这个疑问，首先必须严谨地确认事实，但与此相比，当下有更加亟待解决的问题，而要解决这个问题，必须具备与现实相关的知识。众所周知，信仰不是理论，也不是什么传说故事，或某些人的学术观点；它涉及的是当下的每一个日本人是如何

---

①　被人们视为死者所前往的地下王国。

想象和感知死后的世界的这样的重要问题。这个问题对日本国家的未来有重大的意义。

如果真有其事便确实无误吗？这个是我们首先要确定的事，于是，在此时确认一下那个过去的故事，便显得尤为必要。

很多人认为历史只是死记硬背的东西，而不去质疑和思考如此重要的问题。我们的祖灵，每年都在确切的、约定的时间到来，且绝不去其他家。没人认为祖灵会不知所往、彷徨踌躇，任意造访某个家。希望并促使亡灵尽快去往极乐世界，真正是一种孝行善道吗？我们可以认为这样的一种教化真的能够逐渐显现出效果吗？我觉得"盆"祭时念的经文意义暧昧不明，死者也好，生者也罢，恐怕都是似懂非懂的，大家觉得只要过得去就可以了，其实要是了解了经文真正的含义，说不定会被吓一跳。就这一点来说，寺庙和俗家的想法大概不同。

比如听了"寒流与暖流相遇则会起雾"这种想当然的说法，不加思考就信以为真的人，是应当对这样的说法负起责任的。关东地区的村落里，把"盆"那个月的一日称为"石之户"，人们认为那天早上把耳朵贴到地面上能够听得到地狱之门"吱呀"打开的声音。也就是说，我们的先祖平时是被封在地下的，他们等待出来的这一天。普通人上了年纪，多少会有些胆战心惊地想象地狱存在于某座山的深处。这个观念有一半是来自古老的传承。从超出人的计算能力极限的远方，先祖每年在约定的时间来访，这本身就远远超出了人的想象。如何对此进行说明，进而让大家接受可谓让人绞尽脑汁，说明的内容本身也难免有些牵强附会，特别是有关"地下"的想象，产生大量"落入地狱"者，实在是残酷的事情。

六十三　魂升魄降说

　　作为一种折中的说法，有人认为人的魂和魄是分开的。在中国，朱子学说有这样的主张，当然，在朱子之前，这样的观念就已经存在了。在我国，最明确地表述这种想法的，是歌谣《实盛》①中，"我实盛的幽灵，魂在冥土，魄在红尘"。同样，《朝长》②之灵自言自语说："魂赴极乐天，魄留修罗道。"这些都是例证。人们认为与魂比起来，魄浑浊沉重，不那么受人待见。在没有任何"缘"的人家突然出现也是有的，不过被当作先祖祭祀的话，多少有不那么正统的感觉。东亚和东南亚地区的其他几个民族也有所谓的"灵复体观"③，

---

　　①　平安末期的武士，先后追随源义朝、平宗盛，1183年在平维盛麾下与木曾义仲作战时战死。

　　②　源义朝之子。这里是谣曲名。

　　③　即认为灵魂有复数的形存在。

日本人中也有人这么认为，这是个有研究价值的问题，但是我也没有找到其痕迹。能乐表演中的幽灵的台词，大概是外来的观念，而且，如果无法拯救超度所有的亡灵，实际上是背叛了佛教的教义的。换言之，即使是这样，我们日本人认为，先祖的灵是要与我们活着的人们交流沟通的。最近，认为日本的神道受佛教影响的人有所增加，但是我们必须了解在这之前佛教经历了本土化的过程。近代的"宗门"改制，使得所有的日本百姓的现实生活都蒙上了佛教的色彩。"盆"被说成是盂兰盆的一部分，"hotoke"是佛陀的日本式的发音，这些仅仅是误解的一部分而已。佛教诞生了那么多高僧大德，同时又有1500年以上的民间传播的历史，如果没有一点儿本土化的痕迹，那才是匪夷所思的事情。另一方面，就我们日本人而言，如果我们对自己的家、对子孙后代的命运的关心和安排那么容易受到外来的宗教信仰影响的话，国家是不可能有力地维持到现在的。传教的时候，或许有解释和说明不够的地方，但是，双方都并没有什么大的失误。即便是事先制定了传教的方案，其结果也基本是按照这个格局变化至今的。我想强调的是，在今天这个前所未有的大变革时代，我们日本人发挥了巨大的精神力量，在这背后除了我们固有的精神特质，自古以来养成的我们的家的制度，或者可以称之为一种日本常性，也发挥了巨大的作用。即使这个精神特质现在开始发生了显著的变化，还是可以追溯其过去的缘由的。今天的局面产生的效果等再过若干年以后才能显现。我们期待未来，就是要准确无误地了解这些因和果，据此确立未来的方向。即使还没能达到那一步，但也仍有修正的可能。将历史比作镜子的原因也在于此，而且，我们所提倡的将民俗学作为反思之学，也是此意。说我们日本人古来就有这样的信仰，绝对是有事实根据的。现在虽然这个信仰并没有崩溃，不幸的是很少有人承认这一点了。而且，也没有人去举证来反驳那些说完全没有的人。对老人们来说，这种麻木的状态更令人担忧，因为这会导致人们丧失对人生的下一个进程的想象之路。因此，无论在什么时代，我们都不能放弃对这方面的探求。

六十四　与死相邻

为什么东洋人不畏惧死亡，西方人很早就对此感到疑惑，这个问题至今还没有答案。其实不畏惧死亡是不可能的，主要是这个"畏惧"的具体内容是什么。种族和文化不同，畏惧的内容也是不一样的。尽管生死之间的隔绝是毋庸置疑的，但是这个隔绝的距离和生者与死者的亲疏，是应该具体讨论的问题。至少这方面的不安，对于处在几乎无所不能的时代的我们而言，仍然还是存在的。因为各种各样的原因，生死之隔渐渐成了一堵高墙，想跨越它需要强烈的个人意志和深厚的情感基础加上世世代代的传承。在我们日本人群体生活中，死亡不是令人恐惧和不安的结局。信仰并不只是个人感知的产物，而是群体共有的社会事实，这一点在战争①中得到前所未有的证明。

　　但是，要说明那些参战者的行动，未免为时过早。而且，我认为不应该把他们的行为和日常一般性的行动等而视之，下面的考察，我是写给今后迈向和平生活的读者们的。多数的日本人原本对死后的世界并不疏离，他们的情感世界中有与神灵沟通的成分。有几个理由可以举出，其中有些和相邻的民族，特别是和中国有共通之处，这方面暂不赘述。在此，列举几条我认为是具有日本特色的：第一，认为人死了，他的灵依然留在这块土地上；第二，认为阴阳两界往来频繁，不单单只是春秋定期的祭祀，人神都可以按照自己的意志在需要或希望的时候来来往往；第三，认为人今世的心愿，死后一定会达成。因此，很多人认为不仅要为子孙谋划，自己也会轮回重生以延续自己的事业，这是第四点。

　　这些信念每一个都意义重大，但是因不是以正式的宗教形式出现，所以没有文字化的传承，人们也无法确认其一致性，不同地方的这种信仰自然而然便产生了差异。人们因为忌惮外界的批评而不敢表达对死的观点，所以，尽管没有外部的压力，这种信仰慢慢衰

───────────

　　①　指当时正在进行的第二次世界大战。日本作为侵略国，是应当被谴责的。——编者注

退。然而，将现今很多人所思所想综合起来看，这种信仰的由来绝非来自一部分人的一时空想。我们相信先祖的护佑，接受来自先祖的恩泽，并不需要特别表达渴望救赎的苦难和烦恼，在祭祀的时候，仅仅向先祖表达感激和喜悦之情。这样之所以可能，是来自代代传承的观念，也有来自抱有对先祖的信念和祭祀的行动力，而且还需要有具备祭祀的客观条件。如是，天长日久便成为一种习俗。由此，祭祀的仪式，也涉及独立于现在各家的年节礼仪的氏神的神社，这一点显然带有我国固有信仰的特色。

对神的信仰可以分为两类：一类是不厌其烦地反复向神灵说明具体的请求，要求神灵护佑；另一类是对神降福泽深信不疑，只求冥冥之中自然获得神的加护，把祭祀只是当作一个宴饮欢乐的日子。在日本，后者的信仰形态要多得多。导致这个结果的主要原因，是受我们的"先祖教"的影响。进一步说，我想这就是我们对人升天之后如何长久存在这个问题世代相传并深入人心的固有观念。

六十五　来世与今生

　　讨论来世与今生的古老传承，我希望能够排除臆想和猜测的成分，把结论建立在事实基础上。但是资料仍不够充足，这里只能根据现有的资料立论，后面的工作就只能交给年轻一代了。对这个问题的探讨，最困难的一点还是"灵魂不灭"这个问题。相信灵魂不灭的人们尚未能自圆其说，坦率地说，我自己也不清楚灵在何处。有一点比较清楚的是，人们通常与亡故时间晚近的亡灵沟通较多，对年代久远的故人则会逐渐模糊忘却。以前人们大多如此。

　　那么，死后的世界在哪里呢？人们通常迫切地想了解人死后所在何处。我认为，围绕这个问题，早就存在着新老两种观念，新观念是在对老观念的改造的基础上成立的。冲绳诸岛等地，将死后的世界称为"后生"①，似乎是理解为非常临近的场所。虽然神灵看不见，但是有请必来，也有神灵自己主动接近人的情况。这样一来，和在固定的时间来往相比，神灵随时都有可能来去的话，自然，我们对死后的世界就会设想在比较方便的地方了。

日本学界开始注意灵界的问题的时间并不久远，可以说是从平田笃胤②那时才开始的。多数人倾向于同样的观点。《幽界真语》③一类的见闻录出现了很多，因为多而鱼龙混杂，学者们做了一些去粗取精的工作，把一些可疑的东西去除，从剩下的共通的资料中，得出了大体上相近的结论。我的老师松浦萩坪④先生，也是其中之一。想象中的灵界，我们用肉眼是看不到的，其所处的空间也是灵界，我们说的话有人听，所做的事情有人看，因此不可作恶。就像杨震的四知⑤一样。不过，仔细思量，这应该说只是一种可能性，谁的灵会来到哪里并不确定，又不能说灵通常情况下一定是在那里的。灵魂是来去完全自由的，而且其数量逐渐增加，人们想到没有

---

① gosho。
② 平田笃胤(1776—1843)，江户时代后期的国学者、神道家、思想家、医生。
③ 应该为《雾岛山幽乡真语》，平田笃胤所著。
④ 松浦萩坪(1843—1909)，柳田国男的和歌教师。
⑤ 杨震(54—124)，东汉安帝时期清廉的政治家。"四知"即所谓"天知地知你知我知"。

固定的居所和去处的神灵越来越多，就会逐渐进行这样的推理。可能认为诸神常在神殿中，任何时间都可以去参拜，由是，认为请神送神的仪式没有必要的人越来越多，这可能是属于同一系统的信仰的推移。

我认为，古人是不可能这样思考的，理由非常充分。人对神灵越恭敬，对活着的人的约束就越大。通常，恪守戒律不但会导致破戒的概率增加，也会导致祭祀流于形式化。我们日常生活中存在不少神灵厌恶的事物，如果对此加以限制的话，家庭生活将很难维持。何况在俗事的烦恼与日俱增的现代，禁忌如果不大大放松的话，无论如何也无法想象这样每天和神灵接触能成为可能。但是尽管如此，人们还是有些心存畏惧，把节日的前夜当作鬼来窥视的日子，又或是将节日的次日当作凶日加以注意，这样的俗信还是大行其道。也就是说，我们敬拜神灵时所恪守的规矩，对我们来说是一种负担。来去过于自由的，原本可能只是无所寄托的游魂，因为不断增加导致无法控制，所谓"御前"或"行逢神"①的恐怖说法便更加流行了，继而逐渐影响了现代人的幽冥观。

----

① 充当神灵的先锋之职的灵，人或动物行走在路上遇到这种灵会立刻死去或招致灾难，日语称"misakikami"，或"御先/御前""行逢神"。

六十六　魂归灵山

平安和顺地度过一生的人的归宿，应该是在宁静清和、远离尘世喧嚣，但是又是可望可及的地方。至少我们的先人是这样期待的。"盆"时从村子附近的秀峰山顶出发，沿着"盆路"①清理杂草，或者在山川所流经的河岸旁迎接灵魂，以及从上游的山上采回"盆花"②等，这些还在各地山村流传的风俗习惯，可以说是证据之一。在日本，灵山崇拜早在佛教舶来之前就有。佛教更像是在传播上利用了这个日本的固有信仰。和以前相比，灵山的数量逐渐被整合而减少，但是当我们去调查其分布的实际情况时，发现各地还是有很

---

① "盆"时，为了迎请神灵，在墓地和家之间清除杂草后整理出来的一条路。
② "盆"时用于供奉的花。

多地方性的信仰中心的。南部的宇曾利山①、越中的立山②，或被称为熊野妙法山里院的檪山最乘峰③等，都是亡者先行前往的山岳，其势力圈的影响虽然稍广，但基本上局限在本地范围。搞错了也不会说自己去了别家的灵山。

善光寺④在中部地区影响很大，不管寺院传承如何说，其起源仍然来自周围居民的传说，同时我认为也与该寺院附近耸立的两三座山峰不无关系。如此说来，这些逐渐成为神祇们的洁净清和的居所，虽然对人而言多少会有些禁忌上带来的不便，但是到了五月的插秧日，田人、早乙女⑤们会一起仰望山姿，歌咏礼赞。这些山峰就变成了保佑丰收的"田神"的居所。这些神灵春降冬升，保佑农人。他们被认为是这里人们远古的共同祖先，人们相信他们保佑着家业永续连绵不断。这种观念在过去可能更加明显清晰。

四月八日登山的风俗与灵山信仰有关，这大体上是不存在疑问

---

① 南部的宇曾利山，即青森县下北半岛的恐山。

② 富山县的立山连峰。

③ 檪山最乘峰，亡人在枕饭煮熟之前，拿着枕头边的檪树枝，前往三重县熊野的妙法山深处的阿弥陀寺，撞击寺院的钟并把树枝供奉在里院的净土堂中。

④ 位于长野市的天台宗和净土宗寺庙。

⑤ 插秧日受雇来插秧的男性被称为田人，村人互助参加插秧的女性被称为早乙女。

的。一方面，完全找不到灵山信仰是来源于释迦牟尼诞生的证据。在阿波的剑山①山麓有称为"山勇"的登高望海的习俗；有的叫"花摘"，有的叫"花折始"②，都是听上去让人赏心悦目的名称；抑或采集杜鹃、山吹、石楠等山野花，装饰在长竿的顶端并将长竿立起来，这类活动也十分普遍，这些是很难与佛教联系起来的。另一方面，和祖灵宿之于山的信仰似乎也无关系。伴随着攀向高山山顶的过程，神灵逐渐摆脱污秽和悲伤，成为洁净平和的存在，这样的心理和观念或许可以说明上述行为。虽然证据尚不充分，但是在富士山或是御岳的修行者等中间，至今仍存在着这种信仰，即根据死后的年数和祭祀的过程，亡灵逐次从山麓攀向山顶，最终成神。结合以前的把遗骸送入山中埋葬这个丧葬习俗来分析，我们不难接受灵山信仰的存在是日本古老习俗的一部分。

---

① 德岛县西部的山，修验道的灵场。
② 皆有四月八日登高、拜神(佛)、采花的习俗。

六十七 卯月八日

当翻阅《神社大观》和《明治神社志料》①之类的书籍时就会发现，以旧历四月八日作为大祭之日的神社中，乡社②以上等级的为数不少，所以我认为它们存在着某一个共同的特征。虽然或许是因为我观念先行，但在这个值得注意的事实背后，灵山信仰这个表征神社的存在非常重要：在山宫和里宫③这两个圣地依次举行祭典，由此可知其关系；或者临时设置祭坛。从社殿将神移往神轿的仪式是非常讲究的，祭典的高潮是在仰望神灵降临到临时祭祀场所的瞬间，在祭祀这一天，这样的瞬间应该会有不少。

---

① 光永星郎编：《神社大观》，日本电报通讯社，1940。明治神社志料编纂所编：《明治神社志料》，明治神社志料编纂所，1912。

② 在一个乡内排第一位的土地神。

③ 一座神社的神殿分立两处，位于山上的谓之"山宫"，位于山麓的谓之"里宫"。

当然，由于各种各样世俗的事由，山宫和里宫逐渐绝缘，以至互不认知的例子也屡屡有之，但如果了解其祭祀地点和时间的选择，就会知道它们有着共同的起源，而且绝不是偶然的。对记有四月八日登高习俗的山峰的资料加以整理，再参照山麓村落的口头传承，应该会找到某些有价值的东西，但这个工作现在和以前都无人做过。

最近，我得到了一个意想不到的新知识。与关西相比，关东地区整体上四月八日的仪式活动比较稀少，但是群马县的赤城山①中仍于此日登高。其东麓的黑保根村、东村这两个村落，过去一年间死过人的人家必须登高，据说是要与这些亡人相会。但因为现在使用公历，将日期推后了一个月，变成了五月八日，所以人们的心境与往昔相比发生了很大的改变，但山中仍残留着"六道之辻""赛之川原"或"血之池地狱"②等地名，这很可能意味着这里是过去的登山路径，或是巡拜之地。到底是只有群马县的渡良濑川沿岸一带的这两个村落还保留着过去的习俗，还是这个信仰活动是后起的还没有传播到其他村落？比照青森县恐山一带的宇曾利山地藏会③的例

---

① 位于群马县。

② 这三个地名皆与地狱相关联。

③ 恐山每年七月的地藏祭，以灵媒通灵而闻名。

子来看，或许由于佛教独有的解释，略微改变了当地信仰的方向，而底层民众固有的观念依然留存。所以，这个习俗反而因为这个变革，相较于其他村落能够更完整地保留下来，七月的"祖灵祭"可能恰好也是如此吧。

四月祭祖的习俗十分罕见，也很古老。因为四月是远古的新年，不论我的考证正确与否，这肯定又是一个比如今除夕的"御灵饭"更古老的习俗。它只不过变成了很多山宫的大祭之日，或是临近插秧前年轻农民的行乐之日，为什么是在四月八日举行，我无从考证。另一方面，灵魂登高的观念如今变得越来越难以论证了。所以一旦能够弄清赤城山麓两村那样的事实是存在的，纵使不能妄下定论，也足可以成为学者们需认真面对的新问题。

六十八 "赛之川原"①

　　山中的地名经常成为话题，尤其是"地狱谷"之类的令人印象深刻的名字，纵使人们知道这个名字是去年才有的，也会不由自主地记住。这种情况为何如此之多？很多地方的山路都有同样的地名出现。奇怪的是，从没有人对此表示过疑问。听了赤城山中的赛之川原的传闻之后，我尝试重新整理并思考在迄今为止的旅行途中、书籍中或是他人的言谈中所听到的诸国的"赛之川原"。第一个关注点是，这些地名是没有汉字的。也就是说这是原生的日本思想，佛教只不过是在解释地狱的时候借用了这些日本概念。所以这些名字的

---

① 现在称为"赛之川原"的地方极多，多数流传着与小孩之死相关联的石堆的故事。

来源值得探寻。通过空也①有名的作品《地藏和赞》，我们开始有了"物哀"的观念。由此将"赛之川原"与夭亡幼儿的前往的地狱的名字联系起来的人越来越多。但是，山中的"赛之川原"中，谁也没想到涉及小孩子的地方居然这么多。在普通的路边，有很多用扁平石头搭起来的石塔，被弄塌后，又会在不知不觉间再次被搭建起来，人们说是小孩的亡灵所为，当然这个有人信有人不信，那些便是被称为"赛之川原"的地方。看看下面这些充满极度物哀而又稍稍不合常理的《地藏和赞》中的章句：

> 那个婴孩的作品/捡取了河岸边的石子/搭的第一层是为了爸爸/搭的第二层是为了妈妈/搭的第三层是为了给身在故乡的兄弟你我祈福/虽然白天是一个人在玩耍/但是日落黄昏的那个时候……

这只不过是文字中哀泣的父母利用了俗世传说。

---

① 空也(903—972)，日本平安时代中期的僧侣，人称阿弥陀圣、市圣、市上人。口称念佛之祖、民间的净土宗先驱者。《地藏和赞》是为了传播地藏信仰而编写的七五音节便于传唱的故事歌谣，传说是空也的作品，但是据考证应该作于18世纪上半叶。

我印象中的几个"赛之川原"，都与登上灵山的道路没有联系。在长野东南的远山和田一带，越过长野静冈县境的青崩岬流向深山的水窐川的沿岸，青峰夹缝的四五个村镇之间，有条人迹罕至的道路，路途大体平坦的河床中有一处"赛之川原"。我曾到此，尝试数了一下这里的石塔。因为人不是青鬼①，并没有谁要故意推倒它，但是石塔像是随手累积起来的，仅仅一阵轻风也能马上将其吹倒，而倒了的石塔不知不觉间又会自己堆起来。我觉得这样的怪事如果发生在这里，并没有什么不可思议的。

刚刚失去幼子的父母们自不必说，理解这种情感的人们，无论谁路过，都会往上添一点石头。通常来说，谁都没亲眼见过这些事。在我国，向路人诉说如此的悲痛以寻求协助供养的习俗，还有被称为"后生车"、"洗洒"②等其他方式。

在佐渡海府一带的海岸③处，有一个著名的"愿之赛之川原"。在远离人烟的海边，有一个洞窟，里面有放过遗骸的痕迹。当然这里不是精灵的最后归宿，但也有很多石佛，且能看到几座不知是谁

①　专门推倒亡故的孩子为供奉父母而搭起的石塔的狱卒。
②　后生车在各地都可以找到，柱子是石制的，轮子是木制的，上面刻记了讲解佛法的语句。在香川县某些村落，会为了临盆前便去世的年轻媳妇，在路边的地藏前张挂被称为"洗洒"的五六尺的布头，通行的路人会往布头上浇水。
③　即佐渡岛，位于新潟县西部海域。

所堆积的石塔。这里似乎也有传言说沙石上时不时出现小孩的足迹，当地人由此相信《地藏和赞》内容的真实性。但是我认为，这里的一切与幼小的灵魂并无关联。我的解释是，人们在朝圣巡礼的孤寂之旅中，肯定会思考死亡，或者追忆死者。他们自然而然地堆出这样的石塔。佐比河岸原本是京都五三昧①中的一处。那里不仅是村落的外围，同时也是现世与彼世的交界，因此也就被赋予了那样的地名，其词源之一可能是道祖神②的"sae"，自古以来持此说法的人不止一个。在多数登往灵山的道路上至今还残存着与此相同的说法，我觉得这个现象表明，我们的这个信仰和佛教并无直接关联，而是日本固有的传统。

_____

① 平安时代末期，京都畿内的五处火葬场所。

② saenokami，位于村界、十字路口、三岔路口，或是山路关口的村落守护神，主要以石碑或石像的形态被祭祀。

六十九　通向彼岸之路

　　与佐渡北部隔海相望数十里的山形县羽后的飞岛①，也有一处赛之川原。虽被称为"川原"，但这里是岩石乱布的海滩。由村落而出，翻越小山丘的小路只有一条，这条路上有几座不知何人所搭建的石塔，虽然它们并没有被搭在路旁。这里用的石头较大，高度也超过四尺②，原来似乎也是一层一层累上去的，但没有梯子是到不了那么高的，可是当地并没有谁爬高搭建过这个石塔。当然，也不存在类似于小孩子伎俩的说法。据说就算有过学生把石塔推倒的恶作剧，石塔也会在一夜之间恢复原状，但此类事情似乎极少发生，并且现在石塔已经不是靠叠摞一颗颗石头的搭法堆积而成的了。我

①　位于山形县酒田市。
②　约 121 厘米。

们注意到这里自古以来就是岛民们死后的去处，但是村里的埋葬地却不在这里。岛上没有突出醒目的山峰，正对这处赛之川原的海中，有一块巨岩，其四周已成无法攀登的悬崖，由此被岛民们视为圣地来崇拜，在这个巨岩的对面，远远地横亘着鸟海山①的灵峰。虽然这类传说如今已经绝迹，但当地人仍然相信神灵们是从这片海滩出发渡海前往灵山的。

我从《飞鸟图志》②的作者那里听说，如果人们在这附近山上割草时，会听到优美的歌声，歌声一路沿着旁边那条小径朝着"赛之川原"的方向飘去，这个时候村里一定是有人刚刚去世了。住在路对面的老人在夜半三更时听到有人一边爬山一边自言自语，心想又有谁去世了，果不其然，翌日村里就有人家操办葬礼。据说有时候有低声啜泣的行人，还能听到另一个人"唉"的一声叹息，随行的女人则轻松愉快地哼着曲儿往山上走去。这些可能是沉浸在往昔的老人的一种幻觉，但这个应该是一种相信肉体虽然消失，但是还有灵魂存在的观念的反映。

在离此地很远的岩手县的偏远山村中，我也查访到完全同样的

---

① 横跨山形县和秋田县的山脉。

② 即《羽后飞鸟图志》，作者早川孝太郎，1925年著。

例子。在岩手县，亡灵所去之处不叫"赛之川原"，而被称作"den-dera 野"。这个地名遍布全国各地，但每个地方的发音有略微的差异。一般认为这个词用汉字写作"莲台野"，但并没有定论。因为"莲台野"既有三昧，亦即埋葬地的意味；也指称建造并放置石塔的所谓参拜墓①；也有人称在共同墓地入口处的仪式场的石头台座为"莲台野"；每个地方所指都有不同，也有如岩手县的这个例子，认为"莲台野"就是死者登往的山中高地。听说在富士山北麓的某山村，人们称为"七个 denrei"的七处灵地，在村南的高处以某种距离排列分布，它既不是现代意义的埋葬地，也不是所谓"石塔场"。我认为，这是"经年累月灵魂的居所一直在移动"的观念存在的反映，并且在富士山的信仰中流传。

---

① 在"两墓制"中与"埋葬墓"相对应，其中不埋葬遗骸，只提供供养和祭祀的场所。

七十　葬礼的目的

虽然不论古今文野，没有人不承认生死两相隔，但是我觉得关于分界的观念可能古今相异。简单来说，遗骸不是彼世之物，而属于此世。相信灵魂存在的人，当然会觉得灵从脱离肉体的一瞬间就开始进入彼世了。万一有什么情况，如灵虽然已不再寓于身，但只要仍有一丁点儿的关联，该灵便不能被当作完全的灵来祭拜。有这样的观念也很自然，仅仅从生者的角度来考虑遗骸，会认为让灵界去处理更好。遗骸是有形之物，而且带有污秽，处理起来大费周章，这对阳界和阴界而言都是一样的。但出于世之常理和人之常情，此世的我们还是应该承担起处理遗骸的责任。在这一点上，民族之间存在差异，丧俗也因此而不同。但在我国，有依照外国的制度来急于修订丧葬制度的倾向，由此导致了目前存在的某些混乱和隔膜。多数常民所施行的遗骸处理方法，素来与所谓厚葬相去甚远，其目的在于让遗骸尽快消失，而不是保存。人们不认为遗骸应该作为冥界的代表而受到膜拜。一般来说，人们对认为值得保存的东西是不会简单粗暴地对待的。不幸的是，当今制定政策的人们并不了解这一点。我以前的研究报告，提到过下越后①等地有在新埋葬地上栽种小树的风俗；或是从海边捡来形状各异的小石子放置在埋葬地上作为枕石等，这些做法如今在日本各地仍可以看到。虽然参与葬礼的人们谁都明确记着这些小树和石子，但这些人一旦不在了，埋葬地就会被自然忘却，只剩松林和野地。东北等地还有每年祭祀结束，会一点点弄平埋葬地的隆起部分的习俗；很多人是希望让埋葬地尽早变得不为人知的，但有勒石立碑的做法后，这一心愿就不可能了，于是往往有荒废的墓出现。东京是个好例子，在四谷的寺町等的坡道上，用石碑堆砌的石墙和石阶随处可见。这样想来，在对故人还记忆犹新的时候，墓地就被清理掉，是一件令人不快的事情。也就是说，到了必须重新考量三十三年结束祭祀的制度的时候了。

国土有限，人口却日益增加，对于变化的要求毋庸置疑。都市扩大导致人口增加，这从三百多年前就已经开始了，从那时起遗骸

---

① 现新潟县东北部。

处理方式就已经逐渐变得杂乱无章。但就算从那时起，空地较多的乡下却有让现世生活的最后余韵静静消失的方法。人们认为如果能把遗骸送到人迹罕至的深山或原野尽头并放在那儿，是最好的。最初当然是在近旁建造丧屋①，服丧者待在里面；但当服丧期结束后，对故人的记忆也就逐渐消失了。与此同时，祖灵也会日渐清和，并亲近子孙，能够自由地降临祭坛，然后渐渐地升高，远远地眺望着它所深深留恋的子孙们的生活，这样先祖观念的形成也就顺理成章了。

随着对周围空地的开垦，有关先祖的观念已经发生了若干变化。亡者前往的座座山峰被统合归总，佛教逐渐占据支配地位。很多小岛，比如飞岛的赛之川原，就是在海岸的一隅划出部分人迹罕至的区域，以作为亡者通往灵魂安息处的出入口。但经济的原因很容易让这样的处所发生变化，如今这里大抵已经成了船靠岸后卸货堆货的场所，现世与彼世两个世界之间的接触变得越发粗陋和简单。

虽然说明似乎还有些不足，但我觉得灵魂脱离肉身向高山行去

---

① 死者的血亲在一定期间内为了避免忌讳而用于闭关的小屋，一般位于葬地附近。

的观点，与把灵柩送往山阴处的习惯之间可能多少有些关系。我们相信，随着形骸的消失，灵魂会从山麓入山，最终在离天最近的清静之境、平和之地聚集。这或许也是四月八日参拜山岳的理由，据说山神会在春天到来的时候降临村落，保佑谷物发芽成长，这或许是信仰的基础。天空和大海无限广阔，灵魂在其间来去自如，但是我们从未把最终的归宿放在域外之所，一言以蔽之，我们深爱着自己的祖国。

七十一　两个世界的境界

　　本书的意图是只述及已经基本明了的事实，不涉及未得到确证仍处在研究中的内容。但是因"赛之川原"的问题已经开了头，就总要有个结论。很多山里都会有"赛之河原"这个地名，在那里，大大小小的石头被堆叠起来，氛围与寻常之地截然不同，我认为，这是古代信仰的痕迹，而绝不是街头巷尾的地狱故事的简单再现。一个人咽下最后一口气，再也听不到家人的呼唤，便跨过了生死界线，但是还留下遗骸这个有形物。再进一步，当遗骸也从现世消失，灵魂彻底成为无形的力量和情感，即一个单纯思念的对象的时候，更大的隔绝便产生了。我认为这就是古人的观念。阴阳两隔之后，祭祀便成为双方沟通的固定方式，平日任意轻率的接触属于禁忌。这便是"清和"①观念

---

　　①　举行祭祀仪式时，清理身心的污秽。

的基础，人们认为不遵守祭祀的禁忌，会惹怒"神"和"灵"。以山作为神灵所居之所，也是因我国地形而做的自然选择，这是信仰具体化的一个合理路径。"sae"是关口的标识，在那里一定会有不知道是谁弄出来的不可思议的石堆，于我们而言那是死秽的终点，从另一方面来看，却是去往神明清静地的起点。结果有好多人都会觉得这附近的某处应该是存在着什么东西的。如果以神明国度的说法来解释黄泉比良坂①这个远古传说的话，其间并不矛盾。反过来，如果把彼世当作污秽之所，我们就不可能把到那里的祖灵当作神来祭拜。

但随着人们对现世生活的日益执着，情感的重心已经偏向于此方，即还活着的人们的悲伤之情。即便没有《绘解比丘尼》②之类的牵强附会的解释，仍在此世流连忘返不肯离去的人也不在少数。例如，在羽后飞岛③的"赛之川原"，隔海相望的鸟海神山④之姿，如今也和过去一样受到崇敬和仰望，但是那里的岛民们没有人认为那是他们先祖的终留之所，剩下的仅仅是单纯的灵山信仰。在其他大

---

① 在日本神话中被视为此世与彼世的交界。
② 绘解，讲述佛教绘画中的故事的艺能。绘解比丘尼即以绘解为职业的女性僧侣。
③ 山形县酒田市所属的岛屿。
④ 横跨山形县和秋田县的山脉。

多数的海滨小镇或港口，流行"送神"的仪式。具体做法是在小舟上装饰数盏灯火，推入海中让其漂走。这个仪式主要是为了超度无人祭祀的亡灵，令其去彼方净土。并不关心从天空到山峰的通路，想象彼世处在遥不可及的地平线之外的人已经越来越多。要问及哪一方的说法才是真的，我也是充满疑惑的。但是，有一点可以确信，过去的日本人并没有想象亡人一去不复返。还是有些人坚守古老的观念，没有接受所谓新的教化的。但是，他们也无法像以前的人们那样坚持认为人一旦离世，就进入这个国土中最为洁净清和之境安住下来。但是，在内心中描绘出一个虚无的幻境，将灵性完全归于虚无的人也并不多。大部分人的选择是尽量不去认真考虑这件事。这件事或许很难得出定论，但是，新旧两种观念会导致截然不同的结果。

一种观念认为亡灵不断地回到我们身边，另一种观念则认为，亡灵一去便踏上永不复返的黄泉之旅。后者的观念，会让别离的伤悲加重不知多少倍。

七十二　迎神之歌

　　讨论的话题略显凄寂了，下面换个稍微明朗轻松点的内容。《民谣觉书》①中写到过，大阪的民谣研究者井野边先生曾来拜访过我，极力向我陈述他的主张，他认为"追分节"②的起源地是在西国③。针对此说我们似乎可以举出几个例子来。其中一例是，据说在奈良县东南部的宇陀、吉野两郡的山间，井野边搜集到了乐谱。当时刚听到时，我会觉得很稀奇，但若干年后，我从岩手县的佐佐木喜善先生那儿也听到了一个不可思议的故事。据说他在丧失爱女的深深悲痛中，连续三次梦见了女儿。第一次是在三

---

　　①　作者柳田国男，1940 年。据该书《附记》，井野边君即井野边天籁，生卒年不详，此人收集尺八乐谱，研究河内音头。
　　②　民谣的一种，曲调悠长悲伤。
　　③　关西地区。

十日祭①的前夜，在岩石耸立的半山腰中见到了一个少女，走来走去似乎是在寻路。第二次是在四十日祭的前夜，在阳光耀眼的天空下，看到她孤身一人升向空中。佐佐木喜善记得这时可以听到不知从何处传来的追分节悠远的歌声，她合着调子一步一步离去。自此又过了几夜，佐佐木喜善梦到有如上次的美丽晴空下，在长长的桥上与亡女相逢。此时他发声询问："你现在在哪里？"女儿回答说："我现在在早地峰的山上。"紧接着，他就醒了。

佐佐木先生在讲完这个梦中故事之后，又向我叙说了如下经历：自此又过了几个月，他在秋田县南部的某个村落中听到盲眼巫女"idako"②的迎神歌时，发现其前半部分是和"追分节"完全一样的曲调。经过询问，佐佐木先生得知，这个地方的巫女有两个系统，其中信仰以羽黑山为宗的巫女，她们的歌总体上与"追分节"相近，据说这歌是在她们去亡灵所宿之所"灵山"迎魂时咏唱的。"追分节"顾名思义，原本可能是在信浓追分地区流传的碓冰岭③西麓的追马歌，后来流传到越后海港，进而逐渐发展成北海地区的船

_____

① 神道的丧葬仪式，在葬礼结束后，每隔十日举行一次祭灵仪式，十日祭、二十日祭、三十日祭、四十日祭，到五十日祭结束。
② 会通灵的巫女。
③ 位于长野县东部与群马县的交界处。

歌。如此说来，在南大和①的灵山周围，旋律与传达羽黑山古老信仰的巫女之歌相同，由此可以推测出它们之间的接点，即自相信我们的远古祖灵经常在高山山顶上停留的时代起，家家户户唱的歌词虽全然不同，但曲调大体一致，这个大概就是巫女传播的作用，其扩散可能已经延至日本一半的区域。这个曲子更进一步告知居家的人们在卯月八日的登山之日招请祖灵降临，其带来的感情上的效果与我们听到童谣《迎神火送神火》极其相似。这一点后来被某些专业人士利用也是可能的。

只要有人对这个问题感兴趣，就不会认为这些事实是毫无根据的臆测。虽然世事变迁，人们已经不再重视这个，但井野边先生家中还是保存了那些曲谱，散落在山形、秋田两县的羽黑巫女似乎也都快速忘却了那些迎神之歌。由此，我的有关民谣的搜集工作也制定了明确的计划，开始大步迈进。在对灵山周围其他类似的歌曲的调查过程中，说不定我会发现稍有不同的传说。

研究上述问题的意义绝非是出于猎奇或趣味，而是当我们在思考自己民族的未来走向和凝聚力这个重大问题的时候，我们有必要看清前人的足迹，揭示过去我们的先祖观念是如何形成和演变的。

---

① 现奈良县。

七十三　背负神明之人

　　用马从山上迎神的做法，遍布在各地神社的祭典仪式中，此外，在家家户户的小型祭礼中亦随处可见。据说女人分娩时，山神和筈笴神以及其他两位神明必须在场；还有个广为人知的传说，有人在山中大树的树洞等地方野宿时，听到深夜马蹄声响起并在此树前停住，接着有人邀请道："今晚某某家有孩子要出生，去决定新生儿的命运吧！"这不只是一个传说，从关东、越后到奥羽的广大区域，至今仍有这样的风俗，当孕妇难产时就牵马过来去迎山神，神灵虽然人的肉眼不可见，但马感知到神灵，就会停住，耳朵转动并调头朝向来的方向，人们便知神已经降临，之后折回。有时马刚出村就迎到神，就回来了，但有时也会走上二三里，还有信马由缰地走上半天的。原先"盆"七日，要开辟"盆路"的习惯，或许也与这个事情有关。而树立"参拜墓"的石塔的做法，可能从江户时代初期才开始存在，在这以前的墓地，几乎是不留任何痕迹的。换言之，那个时候还没有先祖来了以后驻留的有石塔的墓地，也不能让先祖来了以后一直等在家里。家中无马的百姓如何迎神呢？人们会在肩上系上新的"背负绳"出门，比如信州某个村落的固执老人的招魂仪式的样式。这个绳的打结方法有严格的规定，不过还记得此仪式做法的人已经几乎没有了。有人记得在岛根县石见的山村中，有让山神降临在称作"senakauji"的稻草做的背负台上的仪式。据说是把"senakauji"竖立在小道旁边略微隆起的地方，用一只手拉着绳子念诵唱词。作法的人若一不小心忘了如何送神，就会惹祸上身，所以直至今日，它都是一个必须注意的戒条。被认为是村落开拓者的世家氏神据说也是被初代主人背过来的，这样的传说不在少数，而且这些氏神一般没有用木材、石材或金属制作有形的"御灵代"①。也就是说，与从山上把神请下来的时候一样，这些世家氏神被背过来，仅仅靠背负者本人异常的感觉让其确信"神明在我背上"。现代人可能会觉得这类传说靠不住，但大多时候背负者可能是通过肩膀忽然一重，或是突然间精神变得爽快得知神明已经驾临此地的。在歌和这种神秘的感动之间，似乎有什么隐秘的脉络。我不懂音乐，所以对

---

① 祭拜时神灵的替身。

此没有发言权，但至今仍保留着这些资料，留待以后的能人来解释吧。妓女和船夫不是"追分节"的创始人，马夫也好，通灵的盲巫女也罢，在这些曲子的保存和普及上均有功劳，但是，那些从心里放声高歌的人们，应该是我们民族古老传承的先驱。相比于现在使用者的处境和情绪，这些曲子稍显孤寂和哀怨，或许因为这原本是我们的招魂曲吧。

七十四　招魂日

在新法律条文中，任何有关神谕的现象都会被否定。同样，从小道巫术到祈祷、占卜和诅咒之类的，虽然某种程度上法律会对此网开一面，但个人以通灵法术为职业是非法的。近世这方面的变化呈现出若干乱象，利用民众的无知得益的人固然不少，但是，一味强制取缔而没有配以正确的民智的启发，结果只能是适得其反，给那些奸诈小人留下空子。而且，这些现象如果都消失了，我们就很难追寻变化的轨迹，探求我们固有信仰的变迁规律了。今天，时局大变，人心浮动，可以预想情况可能会变得更糟。为了日本的政治，我们必须未雨绸缪，把我们的固有信仰的来龙去脉梳理清楚。

谈到先祖，那些通灵者的涌现，推动了灵魂和人的沟通，但其中，特别是我所讨论的招魂日，让"赛之川原"的今世这一端的最后一段，变得复杂纷繁。家家户户迎接祖灵的方式，在这些通灵者的

帮助下稍微变得简单，但是祭主的作用是无法替代的。年中年末的
"先祖祭"中，被重视的是新近亡故的亡灵和那些不请自来的孤鬼游
魂，迎请对家业兴隆做出过巨大贡献的遥远先祖的感情逐渐淡泊，
追慕先祖之德的诚意也受到阻碍，这一点和佛教的供养有类似的
倾向。

　　以前，各地的最大最重要的神灵会附身在巫女身上传达神的旨
意，对此历代史书均有记载。近世的时候虽然名称一样，但大部分
似乎只是从主神的统治下逃离的弱小诸灵，它们以神怒和灾祸相威
胁，或是引诱那些无缘无分的个人来谋取钱财。"tatari"这个词本来
不过是神明显灵的意思，但之后不知什么时候开始，有了让人恐惧
的成分，变成了需要在寺社中予以超度安抚的存在。主要原因可能
就是巫蛊的恶劣影响。还有一个可能是，如果人们对灾厄的不安没
有得到完全地消解，会导致人们对神灵的信赖减弱，这个现象好比
在俗世中随着门户的向心力的削弱，社会会变得倾向于让巧言令色
的人得势。

　　从这点来看，揭示"先祖祭"的本质，让人们了解其与氏神信仰
的相互关系，是非常有现实意义的，但很遗憾这个没有受到重视。
由于通灵职业化，导致了死灵无法在安静之地停留等待成为氏神。
全国通灵巫的名字和种类有很多，但现存的大同小异。据说他们可

以把神、死灵以及罕见的生灵都召集过来，基本上没有人专营某一种。多数人都是以通亡灵为业的。原先通亡灵是有固定时间的，通常是在"盆"七日的"盆灵降"或十六日的"斋日"受托传话，其起源可能是迎灵送灵的仪式。除此之外有些地方，也把春之彼岸日①正中间的那天作为通灵之日，并在门口的垂柳上挂起白旗。春秋两次的彼岸日特别以春分之日为重，这或许是为了避开现在的一月的公历新年，而将以前的新年，即四月八日或者十五日加以利用。今天也是如此，从事灵媒行业的多是年老而健壮的妇人。但在近世，她们一年只有两次生意，这样是不可能谋生的。她们得抱着梓木弓，时不时在村子里到处游走招揽营生。另一方面，很多人相信战场或旅途中没有留下任何遗言的死者，要为他们附体一次，否则会有哑巴孩子出生。亡灵必须在死后百日、中阴最后一日的第四十九天，或者是送葬终了之后，立即招请巫女来说唱死者的事情。只要有人相信巫女真的会招灵附身，这些巫女就有营生可做，因为只要把亡灵的话说出来就行。这个具体做起来并不困难，只要把"彼世"的信息，嵌入这个人的知识、想象和经验中整合起来就可以。男人通常对其不以为然，但是看到恸哭者的样子，年轻一点的人可能更容易

① 春分、秋分及其前后各三天。此期间实行的佛事称为彼岸会，因而得名。

受到感染。但是社会逐渐复杂多样化，巫女们大体却都是墨守成规、不思创新的，所以觉得她们的行为荒诞无稽的人逐渐增多。盲女从事这个职业的一个好处是她们的精神很集中。但因为如今察言观色的必要，眼明的巫女更有优势，这也是一个令人发笑的时代风景，盲女的生存空间不可避免地变得越来越狭窄。

七十五　最后一念

在香川县等地，据说彼岸日正中间的那一天之外的日子里，一旦亡人被通灵，其灵位就会下降一个等级。这也是一个不利于通灵这个职业的俗信，而我感兴趣的是，这个俗信是如何产生的。我认为，和"遗体滴上了眼泪，亡人就无法往生"这个观念一样，上述俗信有斩断此世执着才是解脱之道的意思。但是如果发生在到达彼岸那一天的话则没有关系，这个解释恐怕仍不充分。据我推测，在过去亡灵还能开口的岁月里，一年中恐怕也只有那么一天，而随时随地的招请、挽留亡灵，徒然增加亡灵对此世的羁绊，这绝非成为先祖之道。除此之外，无法解释亡魂中还存有等级的现象。

但另一方面，与人们一直牵挂生死不明的亲人一样，人已经去世，但是不知道亡人临终的情形的时候，会想办法把亡人招请回来听听他的遗愿，这也是人之常情。最初这个行为可能与祭祀毫无关系。人们先是在"盆"和彼岸的祭祀之前做,后来甚至等不及那一天,就去请那些通神的游方巫女作法招魂。我认为,这个行为的背后隐藏着我们日本人的古老信仰,即人的"最后一念"将永远作用于身后的世界里。人若是平安终老,最后身心走向衰亡,也没有什么对未来的欲望的话,他们对后代的期望大体会是"全家人和和美美",或是"别忘了上坟"之类的。但壮年夭亡的人却不同,他们还有未竟的事业和未遂的愿望,这些愿望如果不说出来,那就会被永远埋没。这些壮年夭亡的人要是找到理解他的人,得到共鸣,愿望便有可能实现。要是遗愿未遂留下遗憾,就绝不是死者自己一个人的事情了。因此,同族同门的人要听到死者的遗愿,这也可以说是为了完成整个家族的公共义务。当然遗愿中确实也有很多琐事、无理的愿望和糊涂想法等,但是,把这些都看作是往生的障碍而一概否定,也是不近人情的做法。在日本,这样的观念不被接受,我想也是理所当然的。

虽然不知道是什么人专门搜集的,但所有的幽灵故事都故意被搞成阴湿、偏狭、拙陋、无聊,让幽灵感到不快,进而利落地斩断对此世的执念,去往遥远的寂光净土。但是,在我们的社会里,为了高贵正义的事业而化作幽灵的亡魂也大量存在。但遗憾的是,这些观念传承的方式有些瑕疵,更有甚者,对此持批评态度的人大肆向世人展示那些无知妄行，以及阴惨的因果故事，导致这些幽灵观念受到世人的蔑视。长崎学者中岛广足①所著的《橿之垂枝》②中，有这样一句话："据说清朝人尊崇的是死后能成为幽灵，而那些什么事都没有的人反而会受到蔑视。"这话是否属实我们尚不得知，但是这个观念在我们日本确实是存在的。如今，有关幽灵的说辞日渐庸俗，一个原因是戏剧和民间通俗文学的流行，还有一个原因就是那些巫女等说唱幽灵故事的人们毫无教养，把壮志未酬却英年早逝的人们的遗志传之后世的方法，其中有朴素地相信"在梦里相遇"的，也有在现世交谈的。

临终前咏唱的"辞世歌"，正在朝着取悦一般读者的、鄙俗的文艺方向堕落。即便如此，世界上还是没有哪个国家能像我们日本这样重视它。即使不使用"辞世歌"这个名称，我们还是可以找到更多的文字表达方式。即便在有生之年无法得到理解，人们还是会为了后世而留下自己的著述的。

---

① 中岛广足(1792—1864)，江户时代后期的熊本藩士、国学者和歌人。
② 嘉永三年(1851)刊行的中岛的随笔。

七十六 解 愿

有很多人力图把我们日本人宝贵的精神财富，即关注亡人的"最后一念"并努力去实行这"最后一念"，朝侧重"个人的解脱"的方向去引导。站在佛教之外的立场来看，这个方向是让人难以接受的。

终其一生，人总是会有许多未竟之业，我们的先人相信，这些亡灵的声音即使衰微，也必然会在下一代人中传承。但是，中世佛教传入后，那些传法师们要人们舍弃这个渺茫的愿望，并且拂去所有的善恶杂念，一心一意地等待进入西天极乐世界。家庭传承先祖的事业，社会亦在无形之中承享着先祖的丰功伟业。如果说后人的功绩多少要靠前人的庇荫，幸运的是，这样"善意的幽灵"并不在少数。相信我们的国土才是永远的归宿，这正是我们日本民族的本来面目。

说"日本乃神国"的人，过去比现在更多。我尚且不敢说已经完全理解其精髓，但至少注意到一点，即虽因三百年来的宗教制度，我们的信仰世界蒙上了佛教的色彩，但是令人欣慰的是，在生与死这一重大的信仰问题上，依然保持了我们日本的特色。其实，就算佛教不接受我们本土的这个特征，也会找到适当的传法路径的。但是，那些底层的传法者不思进取，一直在极力抑制、削弱我们的这个固有信仰。相信祖灵在这片国土中和我们比邻而居，慢慢地成为这个国家的"神"的人，在民间还是有很多的。于是，我们不可将这个观念当作毫无根据的传说，而应该明确地摆到桌面上来谈。人有信与不信的自由，但了解和揭示这个事实，是我们民俗学者的使命。

为了避免讨论流于空论，我再提供一个新的例子。民俗学者在解释日本习俗的时候，有几个难点，比如"ganmodoshi""ryouganhodoki"或"ganharai"。这被认为是在葬礼结束之后马上或于次日举行的仪式，意思是亡人生前向神佛祈求的愿望会伴着他的离世而达成，所以要撤回其生前的祈愿。多数时候，具体的做法是人们会卸下白扇的扇轴然后拆散，掷过屋顶，并且把死者生前的餐具捣毁，或是有人一边手抓死者生前穿过的衣物的下摆并挥舞着，一边高呼"解愿了"，也有人喊"诸愿成就"，一般这种仪式都委托亡者家人以外的人来做。

要想了解做这仪式的人的想法，当然可以问他们"假如不这么做的话会导致什么结果"，可能回答就是"不做不好"，但是其心中一定想着，"要是不把这些东西处理掉，亡人就会为到不了该去的地方而苦恼。"倒着挥舞衣服等也的确是表示终了之意。扇子是与神沟通时，必须执于手或是放置在胸前的物品，将其毁坏以致不能使用，明显意味着断绝关系，具体到与神佛的关系中，是脱离神明的秩序的意思。一个人一旦离世，有两个互不相容的去处，僧人们至今为止仍未研究出调和的方案。据此，除了无视其中一方，别无他法，但两者兼容的人也并非没有。在自然中产生并传承的国民信仰，在单纯的世间人情中艰难地存续下来。我们的弱点是对彼世的解说不甚明了，虽然感情上仍旧充满不安，但只能接受系统的佛教解释。人们认为近世的幽冥道的研究动机或许就是在应对这个困境，藤井高尚①的《松之落叶》中，有"人为了后世应该祭拜神明"一章，确实是信神者之言。

---

① 藤井高尚(1764—1840)，江户时代后期的国学者。《松之落叶》是他的随笔集，共 4 卷，天保三年(1832)刊，内容主要为神道、国史、国语、国文相关的考证文章。

人们如果向执掌幽冥的神明乞求却未得到许可，就难以离开此世。亡魂的托梦、附身、现形，皆是因为顺了神明的心。

如是，将幽冥的道理一语道破。虽然这些事情迄今为止只是止于家家户户的信仰，但其间还是存在着我们民族的共同心性。这也可以作为我对这个问题的新说明的论据。学者的学术观点今后可能还会变，但是，我们日本的"自然一体"的事实，所有的人都应该铭记在心。

七十七　转　世

　　为了说明今世和彼世二界间的密切关系，最后还有一事必须提到的便是转世。与灵魂造访和招请不同，这个是指灵魂再次回归此世。转世之说在中国民间很早就开始盛行，也是佛教的特色之一。但佛教经典的支持未必对维护传统有用，相反它导致我们的固有文化变得模糊不清。我们在阅读书籍资料时，无论这些资料来自哪个国家，有很多是可以原封不动地拿来套用的。但我们也需要从眼前的社会现实中，搜集和保持一些我们独有的资料。

　　这里有一个要点，日本没有六道轮回，即根据前生的功过堕落成鬼或畜生的思想是中国的观念，或是输入自中国的观念。在我国，人的灵只有在祭祀时才降附到树木上，岩石成为神灵的化身。虽然我们也相信万物有灵，但很少有人认为这个灵是从人类转移过去的。另外，佛教所说的人可以通过不断修行进入更高的境界，与我所说的"灵魂净化"，即摆脱现世的污秽升格为"神"的观念不同。前者是无论去往何境都保持个性；而我们的固有信仰认为，灵越过某个阶段就会融入一个无限的灵体中。人一旦被当作神明来祭拜，其灵魂便不可能转世了。

因为证据尚且不足，还不能积极地去主张我们的固有信仰。事实上，如今在我们日本人中得到认可的很多观念，都与其他国家有着很大的不同。其一便是人活着的时候，肉体和灵魂是可以分开的，灵魂可以频繁游离出去。这好像是一种能力，甚至还有魂的本事大到可离开肉身独立远行办事的人，特别还有死之前就去彼世拜访思念的人的魂。能在梦中四处飞翔的人在仙北地区①被称为"飞魂"，而这种在死之前拜访他人的现象在津轻地方②被称为"ama人"。不管是哪一个，具备洞察这种现象的能力的人们很多是普通人。虽然这类故事在东北地区之外的地方也经常被听说，但如今其皆限于死后之灵，这是最近的一个变化。

大体上，容易灵魂出窍的是小孩子，由此防止这类事情发生的咒法也非常多，小孩子被认为有灵魂尚未完全融入身体的一段时

① 在秋田县。
② 在青森县。

期。在中国地区各地的很多村庄里，在参拜神社之日，据说会请守护神把魂放入小孩的身体中，他们相信通过那天的御神乐①的太鼓之音，可使灵魂进入孩子的身体，进而实现身心合一。也就是说，灵魂是由本地的土地神所管理的。有了灵魂之后，身体也因此变得重要起来，这与佛像的"开眼"很相似。实际上，船也好、家也好、祭祀日的神舆也好，都需要放入"ubu"或"utsutsu"②等，举行仪式的时候使用的祝词和孩子出生后初次参拜祖神时是一样的。把人当作神来祭祀的信仰的基础从这时就已经具备了，所以转世的信仰并不是依次晋级变化来的。但关于这点我尚不能下一个明确的结论。

---

① 日本神道神事中，奉献给神明的歌舞。
② 活人的灵魂。

七十八　家与孩童

日本转世观念的第二个特色是有让灵魂变年轻的思想。小孩子的"生身玉"①也被称作"maburi""ubu""utsutsu"。和成人相比，孩子灵魂出窍的危险更大，但也可以很轻松地转移到下一个人生，也可以说是出入灵活。冲绳诸岛的所谓"童墓"，是为六岁以下夭折的儿童单划出的埋葬地。在近畿、中国地区等处也有"儿三昧②"或者"子墓"的名称，与此类似的，这些夭折儿童的墓地，不但与成人使用的墓地不同，其埋葬方式也不同。死者小不一定意味着仪式从简，在佐渡，孩子的墓会装饰别样的花篮；在阿波的祖谷山③，则

① 活人的灵魂。
② 三昧就是墓地。
③ 德岛县的西部山地。

会竖立船形的石头；在对马①北部等地，如果墓碑的上半部分雕刻佛像且上了色，就知道这是小孩子的墓。在关东、东北的乡下，很多地方不为死婴设墓，而将其埋在自家屋内的地下，巫女们称之为"嫩叶之魂"。"嫩叶之魂"没有死秽，而且非常值得珍重，为了让它们早点重见此世之光，人们会将其安置在与此世尽量近的地方，从而让它们得以早日转世。在青森县的东部一带，埋葬死去的孩子时要把一条鱼放在死者手上。有的家的做法是给死者穿上紫色的衣服，往其嘴里塞上鱼干。与前所述的"解愿"相反，这个做法是要通过有腥气的食物来防止其灵魂落入佛道，可能也与"七岁前的小孩都是神"这个谚语在全国范围内流行有某些关系。在津轻，也有请年轻女子踩踏小孩子坟墓的习俗。与让死去的小孩持鱼的南部习俗一样，当地人都知道这是为了小孩子的早日转世。

如果说这种转世自远古以来便是不断循环往复的，那所谓的"年轻的灵魂"的存在便显得不合逻辑，我的推测是，人们认为灵魂通过短暂的驻留让自身变得年轻健壮，有活力。

相较于七八十岁漫长的一生，忙忙碌碌、疲惫不堪，寄宿在年轻旺盛的肉体上的灵魂，可以忍受此世的艰难困苦，进而实现自己

---

① 属今长崎县，位于九州北部海域。

的宏图大志。如果大志未遂突然撒手尘缘，身后之事如何？人们不可避免地会考虑此事。所谓返老还童，就是多数的年轻人走向社会，赞美青春，肯定年轻的魅力，这在日本古代历史中十分清晰可见。而针对老年人的衰老疲惫的魂魄，人们则希望其能好好将息，并再次寄宿到精力充沛的肉体上。这一天的到来，就是最后年祭的时候，或者三十三年祭最后的仪式。我想，这就是古人们这个观念的反映。

七十九　魂的返老还童

甲州的第五十年的终祭上，树立一头儿稍稍削尖，上书"草木国土悉皆成佛"的柳树树干，便是所谓的"柳塔婆"。当这根木头碰巧成活时，就证明亡灵已转世。在富士山东北麓的忍野村，如果梦见与死去的人对话，也是该人已在某处转世的证据。这些事情通常发生在终祭结束之前，即灵魂在跨越"赛之川原"后还未登顶清净之灵山之前。人们想象亡灵转世的目的地是人世，而且有这样观念的民族还不少。有个人尽皆知的说法，痛失爱子的双亲和祖父母想要知道孩子在什么地方转世，就在他的手腕或是手掌上写字，这些字会在转世降生的孩子身上显现，如果不用夭折的孩子的坟土去擦的话，是不会褪去的。世间就有人传"豪门大户悄悄来我家讨要坟土"这类的话。当然，这只是一种传说，虽然不知道是否来自外国，但不管怎样，如果有转世，一定是会以某种方式让人知道的。作为第三个特征，我觉得日本的特点是最初的转世必定出现在同一个氏族及其血亲的后裔身上，亡人的特征还有所保留。在神奈川县的三浦半岛等地，继承家业的人就被称为先祖的转世。事情未必都是这样，但当大家都说某个孩子是某人转世而来时，有时连当事人也都信以为真了。如果两个人长相或气质上十分相似，认识双方的人们就如此解释，不懂遗传原理的人们自然会相信。

"祖父变孙子"的现象在社会中也不稀奇，一家之主的通称隔代相承的例子不少，在冲绳等地，长男承袭祖父之名，长女承袭祖母之名，是当地的惯例。

也有隐约记得自己是某人转世而来的故事。百余年前，据说是发生在东京八王子附近的村子里的事，江户的闲人们热捧的《胜五郎再生谈》①说，有个五岁的男孩说自己是某人转世而来，他偷偷地告诉姐姐这个秘密，之后双亲知道了，按照他说的去找才发现，两三里之外的村子里果然有这个男孩所说的家，前世的孩子的名字也符合，最后大家不得不相信这个男孩所说的话。因为这个故事出自虚构故事流行的时代，所以我们不能不加分析地引为证据，其实

---

① 应为平田笃胤所著的《胜五郎再生记闻》。书中记载了1822年多摩郡中野村（今八王子市）的百姓的儿子胜五郎能够讲述自己转生之事的故事。

这本身是难以证明的事情。有时某人在某个场合，随意说出了那些话，周围的人们会把这个当真，是因为他们有一种"信以为真"的心理前提。在我出生的村庄，周岁仪式中有一个仪式是用簸箕对着婴儿一边扇一边问："你是从哪儿来呀?"婴儿能使用的词汇数量十分有限，要是"汪汪""哞哞"一下，大家也就一笑了之。但要是婴儿指向墓地或"氏神林"的方位，说"那边""这边"时，人们就不敢等闲视之了。

前世屡屡成为此世之人的话题，旁边的小孩也可能听到，大人们留心孩子们不经意说出的这些话，然后在特定的时候再让孩子说出来，这样的习惯近年来在我国很盛行。重视孩子的言谈举止，古人比我们更在意，因为他们认为孩子不仅是维持家业永续的劳动力，也可能是远去的先祖又回到身边，这种感觉我们大多已经忘记了。

八十 "七生报国"①

　　如果不把这个问题进一步查明的话，就很难得出最后的结论，至少日本人不会把彼世当作遥远的国度来考虑。我们相信，通过一念之力不仅可以数次与此世交流，还可以再次回归现世，重新开始新的人生。所以"七生报国"就自然浮现在我们的心中。广濑中佐②是将"七生报国"作为最后的遗言的，这句话已成为年轻学生间很著名的一句口号。对于处在生死关头的军人，这句口号是很契合其心境的，虽然是其平日爱诵之句，但无疑有新的感受。而同样的体验在那些处在同样境地、抱有相同心境的年轻人身上不断重现，使得这四个字已经超越了文学，而成为我们国民生活的目标。

---

① 七次转世，为国尽忠。
② 即广濑武夫，1868--1904年，日俄战争中战死，死后追升为中佐军衔，被神格化为"军神"。

在仔细阅读《太平记》①的这一段时，有一处讲剖腹的内容，其中的疑点至今仍未被人留意，但却给我留下了很深的印象。由这些故事可推测，在那个时代，连转世为人，都会被看成是罪孽深重的恶念。这是楠木正成时代的常识吗？还是故事中所提到的广严寺②的僧侣们在世间传播这样的观念？抑或讲故事的人加进了自己的色彩？答案是三者中的哪一个呢？

其实这个问题并不重要，我们日本人早已把剖腹看作是恶念或妄执这件事忘了很久了。

在安藤为章③的《年山纪闻》中，提到水户黄门的德川光圀④的侍女村上吉子，她后来出家，称为一静尼，书中记载了她七十二岁时的辞世歌：

---

① 《太平记》，共40卷，以南北朝时期为舞台，描写了1318年至1368年的军纪物语，内容包括后醍醐天皇即位、镰仓幕府灭亡、建武新政和崩坏后的南北朝分裂、观应之扰乱、二代将军足利义诠死去及细川赖之管领就任。

② 位于兵库县神户市中央区楠町的临济宗寺庙，作为楠木正成的菩提寺而广为人知。

③ 安藤为章（1659—1716），国学者，《年山纪闻》是其写于1702年的随笔集。

④ 德川光圀（1628—1700），因官至权中纳言故称之为水户黄门。

愿再来度人离苦，甘愿受尽八苦①。

作为女性和佛道中人，这诚然是强力的最后一念。但是遗憾的是她转世为何，我们并不知晓。人生虽苦，但是如果我们都畏惧而逃离，我们的社会便永无光明之途，而唯有不屈不挠、百折不回地战胜困难，才是正确的选择。而且，能够相信我们的先祖一代又一代地转世，就是为了我们的祖国日本，这是何等荣耀幸福之事。

---

① 佛教认为世间有生老病死四苦，加上爱别离苦、怨憎会苦、求不得苦、五阴盛苦，共八苦。

八十一　两个实际问题

在连日的警报之下，能为这篇长篇大论做个总结，对我来说也是一件幸事。我感觉时间紧迫，时不我待，并非是仅仅要为过去留下记忆这么简单的理由。原本到海外发展，然后衣锦还乡，荣归故里的人似乎不少，可近来人心大变，在拓殖的土地上生根发芽，艰苦奋斗创立门户的人渐渐增多。由此，家的永续便成了大问题。风土环境对我们的影响是巨大的，人们入乡随俗，逐渐被同化，这个结果不是拓殖者们的本意。外出打拼的人群越是人数稀少时，越要保持穿越古今的纵向上的团结。对于未来，这是远虑，也是遗志；是希望，也是挚爱。我们虽然不能事事效仿古人，但是了解那些来龙去脉和他们的思虑情感，绝对可以成为我们的参照。古人的世界恒常少变且宁静平和，子孙们面对先祖时，也都抱有同样的思慕与怀念之情，迎请和祭祀祖先的信念和行动便由此而来。但实际上，社会形势不断改变，有些部分显然是令人失望的。为了美好的明天，我们不仅期望和今天完全不同的未来，还必须身体力行，努力推动社会向好的方向发展。总之，理想的"家"需要从内和外加以改造，不可放置不管。

日本数千年来逐渐走向繁荣昌盛，在其诸多的根本原因中，保持了稳定的家的构造，可以说是最主要的一个原因。我们认为其重要的基础便是信仰。信仰不是靠讲道理来说服人的，让不相信的人改变想法绝非易事。但我们的多数同胞是认可信仰存在的，实际上只是没有思考和言说的机会。如果我们能将信仰清楚地表达出来，反而可能会招致更强烈的反对，进而使信仰消亡的危险随之增加。在这里，我认为应该在正确把握这个事实的基础上，以此作为下一步的出发点。

第二个迫切需要解决的问题是，如果子孙夭亡，死者和"家"的关系应该如何处理？前面已经絮絮叨叨地说明了佛教传入以后，我们日本人的观念发生了显著的变化。

作为新时代的家的责任，我们需要改变过去的做法，即如果不是直系子孙执行祭礼的话，亡灵就无法得到超脱。死者如果是嗣子的话，可以设立加入同一世代的制度；如果是次男或弟弟的话，可以订立以其为初代的分家计划。总之，如果亡人的家人也过世导致死者无人供养、亡灵变成孤鬼游魂的话，亡灵便无法安心踏上彼世之途，而且也无法慰抚动摇的人心。

　　无须引用子代、御名代①的尊贵品级的前例，自古以来我国也有从伯母传侄女、伯父传侄子的继承法，让无血缘关系的人继承家业的习惯也很发达。实际上，我觉得日本唯一的弱点就在于政治家们对学问毫不关心，还有很多人认为思考研究这些问题并非当务之急，我对此不以为然，故而发此议论，以期得到大方的重视。

　　　　　　　　　　　　　昭和二十年五月二十三日

---

　　①　子代，大化改新之前皇室的私有民。御名代，古代为了让天皇的名字流传下去而设置的皇室的私有民。

附录一 日本历史时代及分期[①]

历史时代			起始年代
原始	旧石器时代		数十万年前—1 万年前
	绳纹时代		1 万年前—公元前 3 世纪
	弥生时代		公元前 3 世纪—3 世纪
古代	古坟时代		3 世纪后半叶—6 世纪末
	飞鸟时代		6 世纪末—710 年
	奈良时代		710—794 年
	平安时代		794—1192 年
中世	镰仓时代		1192—1336 年
	室町时代	南北朝时期	1336—1467 年
		战国时期	1467—1573 年

① 王京制表。明治时代以前不包括北海道及冲绳地区。

历史时代			起始年代
近世	安土桃山时代		1573—1603 年
	江户时代		1603—1868 年
近代	明治时代		1868—1912 年
	大正时代		1912—1926 年
	昭和时代	昭和前期	1926—1945 年
现代		昭和后期	1945—1989 年
	平成时代		1989—2019 年
	令和时代		2019 年至今

附录二 日本古国名及其略称与都道府县对应表①

五畿七道②	令制国名		略称		都道府县	大区名称
东山道	陆奥	陆奥	奥州、陆州		青森县	东北地区
		陆中			岩手县（秋田县）	
		陆前			宫城县	
		磐城		磐州	福岛县	
		岩代		岩州		
	出羽	羽后	羽州		秋田县	
		羽前			山形县	
	下野		野州		栃木县	关东地区
	上野		上州		群马县	

① 王京制表。

② 五畿七道按 701 年《大宝令》，国名按 927 年《延喜式》，陆奥、出羽分割为 1868 年。

五畿七道	令制国名	略称	都道府县	大区名称
东山道	信浓	信州	长野县	
	飞骡	飞州	岐阜县	
	美浓	浓州		
	近江	江州、近州	滋贺县(关西地区)	
北陆道	越后	越州	新潟县	中部地区
	佐渡	佐州、渡州		
	越中	越州	富山县	
	能登	能州	石川县	
	加贺	加州		
	越前	越州	福井县	
	若狭	若州		
东海道	安房	房州、安州	千叶县	关东地区
	上总	总州		
	下总			
	常陆	常州	茨城县	
	武藏	武州	埼玉县	
			东京都	
	相模	相州	神奈川县	
	伊豆	豆州	静冈县（东京都）	中部地区
	骏河	骏州		
	远江	远州		
	甲斐	甲州	山梨县	
	三河	三州、参州	爱知县	
	尾张	尾州		

五畿七道	令制国名	略称	都道府县	大区名称
东海道	伊贺	伊州	三重县	关西地区
	伊势	势州		
	志摩	志州		
南海道	纪伊	纪州	和歌山县	
	淡路	淡州	兵库县	四国地区
	阿波	阿州	德岛县	
	土佐	土州	高知县	
	伊予	予州	爱媛县	
	赞岐	赞州	香川县	
畿内	大和	和州	奈良县	关西地区
	山城	山州、城州、雍州	京都府	
	河内	河州	大阪府	
	和泉	泉州		
	摄津	摄州		
山阴道	但马	但州	兵库县	
	丹波	丹州	京都府	
	丹后			
	因幡	因州	鸟取县	中国地区
	伯耆	伯州		
	隐岐	隐州	岛根县	
	出云	云州		
	石见	石州		

五畿七道	令制国名	略称	都道府县	大区名称
山阳道	播磨	播州	兵库县(关西地区)	中国地区
	美作	作州	冈山县	
	备前	备州		
	备中			
	备后		广岛县	
	安芸	芸州		
	周防	防州、周州	山口县	
	长门	长州		
西海道	筑前	筑州	福冈县	九州地区
	筑后			
	丰前	丰州	大分县	
	丰后			
	肥前	肥州	佐贺县	
	壹岐	壹州	长崎县	
	对马	对州		
	肥后	肥州	熊本县	
	日向	日州、向州	宫崎县	
	大隅	隅州	鹿儿岛县	
	萨摩	萨州		

译者后记

在柳田国男的著作中,《关于先祖》是讨论日本人生死观和信仰世界最为集中和深入的一本书。在这部著作中,柳田国男使用了日本各地信仰仪式和神灵祭祀的田野调查资料和文献,力图证明日本人的祖灵,不仅是家神、田神、农神,也是正月祭祀的年神,先人的亡灵经过一定时间的供养,升华成为祖灵,这个祖灵就驻留在故土的不远处,比如村落附近的灵秀山峰上。在特定的时间回到家中与子孙相会,并保佑着子孙后裔的家业永续。在此基础上,柳田更进一步提出了一个假说,就是这个家神,通过一族或同族共同祭祀等方式,进一步发展扩大为村落等地域社会的信仰对象。对这个结论进行检验和证实,一直是日本民俗学的重要命题。由此,《关于先祖》也长时间成为柳田国男著作群中最受瞩目的作品之一。

《关于先祖》的写作时间,柳田国男在本书自序中有如下说明:

"这本书从今年即昭和二十年（1945 年）四月上旬开始动笔，到五月底，拿出现在这个样子的东西。"但是柳田国男在《炭烧日记》（1958年出版）中的昭和十九年（1944 年）十一月十日的内容中写到，"开始写作《关于先祖》，进展颇不顺利"。由此大致可以判断，至少在战争结束近一年前，柳田国男就有了执笔的动机，并开始写作，此书于 1945 年 5 月完成初稿。初版由筑摩书房于 1946 年 4 月 15 日付梓，发行了一万部。此后，除了作为单行本和收入柳田国男著作集多次再版，还先后被收入《战后日本思想大系》（筑摩书房，1968）、《近代日本思想大系》（筑摩书房，1975）、《日本民俗文化大系》（讲谈社，1978）等系列丛书出版。1970 年和 1989 年，此书还分别被翻译成英文和韩文在日本和韩国出版。《关于先祖》从 1946 年初版以来，几乎每隔十年就会有新版问世。在 20 世纪 70 年代的柳田国男热之后，从整体而言，日本学术界和整个社会对柳田国男的关注度不断下降，但是，与《远野物语》《海上之路》《明治大正世相篇》等几部并列，《关于先祖》依然受到持续关注和阅读，成为柳田国男的代表作之一。

关于本书的写作动机，柳田国男有明确的现实关怀，他在自序中说，"现在是非常时期，国民的生活坠入谷底，平时无法想象的悲壮惨烈的场面，在全国最平静的地方都频繁出现。"他在这里所说的"悲壮惨烈的场面"，一般认为是终战前夕，日本军组织神风敢死队自杀性攻击美军的状况，亦即在战争接近结束的时期，冲绳战和神风敢死队等惨烈的报道频繁出现的时候，柳田国男开始思考那些年轻的日本士兵，他们战死之后的"英灵"，在日本民俗体系中应该给予什么样的位置。如果按照佛教的说法，那些没有子孙供养的灵魂，终将成为"怨灵"。换言之，柳田国男通过揭示正月和"盆"为中心的祖灵信仰的特征和构造，来探求日本人对死后世界的思考，其背后潜藏着他的家业永续的观念应该成为支撑日本未来发展的核心的理念。此外，也有学者从书中的一些表达中，指出此书也有为日本人海外殖民时，移居海外的日本人如何保持文化认同和社会组织连带，提供学术支持的目的。比如柳田在第十三节中提到，"将来随着日本国民的海外移住的增多，这第一段的同族联合，极有必要加以改良和强化。"

对于此书的评价，有两种完全对立的观点，一种观点认为，这本书是不受西方社会科学范式影响的独立探索，具有方法论上的重要意义。比如樱井德太郎在《柳田国男的祖先观》（1974—1975）一文中评论到，"柳田不引用西方的硕学的学说，在立论实证的过程中也不借用外来的手法，自始至终以日本民间形成并传承下来的民俗事实为基础，他极力避免落入那些受到形而上学思想影响的学者们惯用的演绎推论的研究范式，而把民众自身的生活经验事实放在第一位。这是他立论的出发点。"

而在 1973 年出版的《学术论坛——柳田国男论》一书中，人类学家铃木满男指出，"柳田关于盂兰盆祭祀仪式的解释，特别是其中心的关于祖灵的部分，带有强烈的柳田个人色彩，但是，他把它写成了'日本的'。《关于先祖》形式上是搜集了大量事实，客观地加以推理而得出结论的论文，但实际上是柳田意识形态的表达，也可以说成是'祖灵信仰神学'。"和铃木观点类似的是美国学者伯纳德·贝尼耶（Bernard Bernier），他在《柳田国男的〈关于先祖〉能够成为日本独有的社会科学研究的范式吗?》一文中运用他在日本所做的田野调查资料，证明柳田国男的推论存在严重的主观臆断。贝尼耶认为，柳田国男的日本人祖灵信仰的析出和特征分析，缺少真正意义上的科学论证，而是一种结论先行的"神学式"的思考方式。因此不能成为日本社会科学研究的一种范式。

从日本民俗学界整体的评价来看，现在几乎没有人完全接受柳田国男关于祖灵信仰的结论，学者更多的是关注柳田国男的问题意识，把《关于先祖》当作研究日本民间信仰和生死观的出发点。日本民俗学家赤坂宪雄认为，柳田国男作为日本民俗学之父，他对日本民俗文化的几乎所有侧面都有触及并提出了问题。因此，柳田的著作可以成为日本文化的百科全书。我们认为，从这个意义来说，《关于先祖》具有重要的学术价值。

因此，今天我们阅读这本著作，重要的不是接受柳田国男建构的日本人祖灵信仰的结论，而是理解日本民俗学的发祥与 20 世纪的民族国家形成的关系。众所周知，无论在德国还是北欧，乃至东亚的日本和中国，"民俗"都是被作为"民族"的识别标识之一，被"发现"乃至"发明"。从这个角度来看，柳田国男通过《关于先祖》对日本人"固有信仰"的建构也体现了民俗学的政治属性。这一现象，对我们今天理解非物质文化遗产保护与民族国家认同关系性的生成，也不无参考价值。

值得指出的是，进入了 21 世纪以来，日本学界和社会对《关于先祖》的解读呈现出新的时代特征。2009 年，在民俗学家的参与和支持下，日本墓石业者成立的"《关于先祖》读书会"资助出版了《新订关于先祖》（石文社），发行一万册分发给全国从业者，并在全国范围内不定期地组织学习会。发起此事的日本石文化研究所所长小畠宏允解释出版目的时说，某著名作家在少年教养所作报告时，问听讲的少年犯家里是否有佛龛，结果无一人举手。而相反，家里设有佛龛，每天父母向先祖合掌致祭，每年全家一起扫墓的家庭的孩子，很少有走上邪路的。由此，他们认为，重温柳田国男析出的

"日本的固有信仰"，对改变日本社会道德的颓废状况具有积极的意义。

2015年，柳田国男研究家石井正己推出了《全文读破柳田国男的关于先祖》的注解本，对全书加了注音和详细的解说，期待有更多的读者能够理解本书的内容。作者在最后的《为了思考东日本大震灾后的未来》一文中写到，"今天，东日本大地震已经过去了四年半，灾区在从灾害废墟中走出的过程中，社会整体的灾害记忆在不断风化，关心度急剧下降，更为严重的事态是，福岛核电站事故造成大量灾民无法返回家园，年轻人去往外地，造成大量家庭解体。而高龄少子化的日本社会，不但面临人口减少的困局，还遭遇着全球范围的灾害频发、经济动荡、疾病困扰和恐怖袭击等问题。在这样的时代，柳田国男在《关于先祖》中描画的日本祖灵信仰的模式，可否对解决社会问题产生积极的作用？现在很多的日本家庭，既无神龛也无佛龛，新年与"盆"的祭祀仪式也逐渐都流于形式。医学虽然不断进步，但是人死后往何处去，这个问题依然困扰着我们。因此，了解先人们的智慧和想法，对我们展望未来是不可或缺的。在面对上述现实的时候，《关于先祖》是为数不多的具有批判性阅读价值的经典之作。"

不难理解上述两本书的出版，都是民俗学面向日本当下面临的重大社会问题做出的对应之举，也为我们理解《关于先祖》在当下日本如何被理解和消费提供了另一个有价值的视角。

柳田国男的文章素以晦涩难解著称，本书涉及的日本各地的风俗习惯纷繁多样，论证的过程中还使用了历史文献和口头传承的作品，这些内容无论从理解还是表达，对译者来说都是巨大的挑战。虽然希望尽可能精准地呈现柳田的论证过程和结论，但是，鉴于译者的水平，难免有误译和表达不够准确之处，在此深表歉意，并期待得到读者的批评和指正。

在翻译过程中，得到郭立东、黄洁、方兰、中村贵、马场彩加、王千蕙等人的帮助。本书注释除了查阅相关辞书之外，还参考了《新訂先祖の話》(石文社，2009)，《全文読破柳田国男の先祖の話》(石井正己著，三弥井書店，2015)的解说和注释。在此一并表示感谢。

由于译者自身的原因，交稿拖延了不少时间，在此谨向组织者王京老师和宋旭景编辑表示深深的歉意，并对两位的耐心和宽容表示感谢。

王晓葵

2018 年 2 月 12 日

图书在版编目（CIP）数据

关于先祖／（日）柳田国男著；王晓葵译．—北京：
北京师范大学出版社，2021.1
（柳田国男文集）
ISBN 978-7-303-23166-9

Ⅰ.①关… Ⅱ.①柳… ②王… Ⅲ.①祖先崇拜-研
究-日本 Ⅳ.①B933

中国版本图书馆 CIP 数据核字（2017）第 302630 号

营 销 中 心 电 话	010-58805385
北京师范大学出版社	http://xueda. bnup. com
主题出版与重大项目策划部	

GUANYU XIANZU

出版发行：北京师范大学出版社 www.bnup.com
　　　　　北京市西城区新街口外大街 12-3 号
　　　　　邮政编码：100088
印　　刷：北京盛通印刷股份有限公司
经　　销：全国新华书店
开　　本：890 mm×1240 mm　1/32
印　　张：9.125
字　　数：152 千字
版　　次：2021 年 1 月第 1 版
印　　次：2021 年 1 月第 1 次印刷
定　　价：59.00 元

策划编辑：宋旭景	责任编辑：宋旭景　王　宁
美术编辑：王齐云	装帧设计：王齐云
责任校对：段立超　陈　民	责任印制：陈　涛